インターネット時代の学校図書館

司書・司書教諭のための「情報」入門

根本 彰【監修】
堀川照代・中村百合子【編著】

東京電機大学出版局

本書の全部または一部を無断で複写複製（コピー）することは，著作権法上での例外を除き，禁じられています．小局は，著者から複写に係る権利の管理につき委託を受けていますので，本書からの複写を希望される場合は，必ず小局（03-5280-3422）宛ご連絡ください．

はじめに

　1998年に改訂された新学習指導要領が，2002年度より施行された。この新学習指導要領による教育改革の目玉は，自ら学び考える力を育成する総合的な学習であり，こうした新しい学びの方法を強力に推進するための仕掛けが，学校図書館の充実による学習情報センターの実現である。これが，学校図書館法の一部改正（1997年）により，2003年度から一定規模以上の学校に司書教諭が必置になることと相まって，いよいよ現実のものとなる。この新たな制度の始まりに対して，大いなる期待と関心を寄せるものである。

　もちろん，これにはさまざまな問題が伴っていることが知られている。専任の司書教諭として発令される例が少ない，これまでの5年間の準備期間における司書教諭講習はいかにも安直な促成栽培にすぎない，すでに一部地域で制度化が進んでいた学校司書との関係があいまいである，などである。しかし，ともかくも法制定から50年でようやく学校図書館本来の機能を果たす基盤がつくられつつあることは評価したいと思う。

　司書教諭が何をする職種であるかについては法制定以来の議論がある。司書教諭は英語でいえばティーチャー・ライブラリアン（teacher librarian）（『図書館情報学用語辞典』丸善）と表現されていて，教師であるとともに図書館員であるというわけである。そのなかで，教師としての側面については読書指導や図書館利用教育における指導的側面について議論されてきているし，図書館員的な側面については資料の選択や組織化，提供などのサービス的側面について明らかにされてきている。

しかしながら，図書館学はアメリカから導入されたもので，従来からの整理技術を除くと理念や概念の検討が中心となることが多く，それを実際にどのように適用するのかが十分に示されていなかったことは事実である。学校図書館の業務におけるサービスの専門性についても同様である。教員的な側面については経験的に知られていても，図書館員的な側面の専門性についての理解は十分ではない。まして，司書教諭について兼任の勤務形態が一般的であるということになれば，実務的に指導的な側面を押さえておけば，あとは理念的な部分さえ把握していればそれですんでしまうというような安易な理解が一般的ではないだろうか。

だが，指導的側面と図書館員的な側面は，司書教諭がもつべき知識や技能の表と裏の関係を形成していて，どちらか一方だけでは不十分である。学校図書館にかかわる指導をするためには，図書館における資料や情報の利用に関するかなり突っ込んだ知識がなければならない。現在はメディアが多様なものへ変化している時代であり，必要とされる知識や技能について現状に即して明確にしていく必要があるだろう。

以上のようなイメージを漠然と抱いていたときに，1990年代末の同じ時期にハワイ大学に留学して図書館情報学を学んできた3人の日本人女性から，彼女たちの学んできたライブラリアンシップ（librarianship）というものが日本には浸透しておらず，また代わりになるような理念や職業意識も見当たらないという実に率直な感想を聞く機会があった。これは私も常々感じていたことで，日本では図書館という建物あるいは施設，制度，資料，それから奉仕の概念はあっても，それらを統合する専門知としてのライブラリアンシップにあたる言葉はないし，それに相当する知識や技術は共有されていないのではないかと思われる。

そのなかのひとり，中村百合子さんが学校図書館に関心をもっていたことから，他の2人北村由美さん，坂井千晶さんとともに日本の学校図書館の今後についてより実践的に研究しようということになった。おりしも情報教育や総合的な学習の時間の開始，学校へのインターネットの導入といった学校の情報化における学校図書館の変革が求められる状況に直面しており，ライブラリアンシップの先進国である米国で彼女たちが見聞きし，学び，感動したことを伝えて，日本の

学校図書館，ひいては教育の改革に寄与することを話し合った。

我々だけでは頼りないところがあったので，学校図書館の専門家として堀川照代さんに加わっていただき，より専門的な見地からのアドヴァイスをもらいながら研究を進めることになった。さらに他のいくつかの専門的な側面については，芳鐘冬樹，古賀崇の両君がそれぞれの関心を生かしながら研究に参加してくれたおかげで補うことができた。

幸いにも，松下視聴覚教育研究財団の2001年度の研究開発助成を受けることができたので，2002年1月26日にシンポジウムという形で，この研究の中間的な成果を学校図書館にかかわる専門家，研究者，そして現場のかたがたに聞いていただき，さまざまなご意見を頂戴することができた。

本書はこういう過程を経て最終的にまとめ上げたものである。その最大の特徴は，アメリカ的なスクール・ライブラリアンシップ（school librarianship）の考え方を日本に導入し，司書教諭のリカレント教育に生かそうというところにある。その際に，インターネット導入に向けての学校図書館司書教諭の役割に焦点を絞り，司書教諭がもつべき専門的知識と技術がどのような範囲のものであるかを明らかにしようとした。情報リテラシーの概念からはじまって，情報ネットワークの概念，インターネットの導入における学校図書館の位置づけおよび管理方法，情報源の評価，情報検索の技術と検索結果の評価，インターネット利用における著作権の問題など多岐にわたる内容を記述した。とりあえず，司書教諭を対象にしているが，これは学校図書館の専任職員を念頭においていることを意味しているのであり，制度的な問題は棚上げにしていることをご理解いただきたい。

今は，本当に学校図書館が必要なのか，学校図書館専門職が必要なのかが再び問われていると考えられる。司書教諭の配置が決まったものの，おそらく多くの学校において司書教諭は教科や学級担任としての職務を免除されず，司書教諭としての職務に専心することは非常に難しいという状況であり，これまでの校務分掌としての図書（館）主任の置かれていた状況とあまり変わりがないかもしれない。そうしたなかで，しっかりと専門的な知識と技術を身につけることが学校図書館の可能性を最大限に引き出す道であり，また，学校図書館に専門職を置く必

要性が社会的に認知される鍵であろう。本書がそうした方向での専門性を明らかにする手がかりになれば幸いである。

付録Aとして掲載したのは，シンポジウムの際に，アメリカ海軍横須賀基地内の高等学校のスクール・ライブラリアンをしているジャネット・マーレー女史によって行われた特別講演の邦訳である。これをここに掲載したのは，アメリカの学校図書館員の現在の地位が一朝一夕に獲得できたのではなく，先人の研鑽と努力があっての結果であること，また，インターネットを使うようになってもライブラリアンシップの本質には変化がないと考えていることがよくわかるからである。彼女はきわめて情熱的にこれを語ってくれて当日の聴き手に大きな感銘を与えた。本書に掲載することを許可してくださったマーレー女史に感謝申し上げる。

最後に，シンポジウムに御参加いただいて活発に御意見をくださったかたがた，特に，コメンテータをお務めの小林路子（市川市教育センター），村山功（静岡大学教育学部），森田盛行（全国学校図書館協議会）の各氏に御礼申し上げたい。執筆にあたって，そこで出た議論をできるだけ取り入れるようにしたつもりである。また，本書の編集にあたり行き届いた配慮を示してくださった東京電機大学出版局の松崎真理さんにも感謝の気持ちを表したい。

2003年1月

根本　彰

第1版第3刷（2003年11月）の時点で著作権法の変化に関する追記を行ったが，その後も情報環境や著作権法などに変化が続いているので，今回の増刷に合わせて必要な訂正を行った。

2005年5月

目 次

第1部　背景：学校図書館の一大変革期

第1章　学校図書館へのインターネットの導入と司書教諭 ………… 2
- 1.1　学校図書館へのインターネットの導入の必要性 ……………………… 2
- 1.2　インターネットの導入に関する司書教諭の使命 ……………………… 6
- 1.3　司書教諭の継続学習の必要性：米国の先例から学ぶ ……………… 11

第2章　情報活用能力の育成と学校図書館 …………………………… 15
- 2.1　情報活用能力とは何か …………………………………………………… 15
- 2.2　情報活用能力のとらえ方 ………………………………………………… 18
- 2.3　インターネット時代の情報活用能力 …………………………………… 23
- 2.4　情報活用能力育成への取り組み ………………………………………… 30
- 2.5　学校の情報化と司書教諭 ………………………………………………… 33

第2部　インターネット導入に必要な知識と技術

第3章　インターネット導入と方針の決定 …………………………… 36
- 3.1　インターネット導入を前に ……………………………………………… 36
- 3.2　利用・提供方針の決定から利用ガイドラインの作成と活用へ ……… 39
- 3.3　有害情報対策としてのフィルタリング・ソフトの活用 ……………… 45

第4章 インターネットの検索技術 … 51

- 4.1 インターネットによる情報検索と司書教諭 … 51
- 4.2 検索の準備過程 … 53
- 4.3 検索の実行：検索結果の評価と検索戦略の修正 … 61
- 4.4 インターネットの検索技術の指導 … 62
- 4.5 インターネット検索実践編 … 67

第5章 検索システムの評価 … 71

- 5.1 司書による検索システム評価 … 71
- 5.2 検索エンジンの特徴 … 72
- 5.3 検索エンジンの評価 … 73
- 5.4 評価方法の指導 … 92
- 5.5 有料検索システム評価への応用 … 95
- 5.6 司書教諭による検索システム評価の社会的還元 … 96

第6章 インターネット上の情報の評価 … 97

- 6.1 司書教諭の役割 … 97
- 6.2 インターネットの特徴とその情報評価 … 98
- 6.3 インターネット上の情報の評価技術を利用した業務・サービス … 117

第7章 司書教諭の著作権への責任 … 128

- 7.1 学校図書館における著作権理解の重要性 … 128
- 7.2 著作権法の現状 … 131
- 7.3 インターネットの活用と著作権 … 138
- 7.4 著作権をめぐる流動的な動向 … 140
- 7.5 司書教諭の役割 … 142

付　録

付録A　ジャネット・マーレー講演要旨：
　　　　学校図書館でテクノロジーの道を切り開く ………………… 148
　A.1　パイオニア精神…………………………………………………… 148
　A.2　テクノロジーを使って情報を整理・組織化する………………… 151
　A.3　テクノロジーを使ってコミュニケーションを円滑にする …………154
　A.4　リサーチ・スキルの教授………………………………………… 157

付録B　今後の学習のために：各章の執筆者からお勧めの資料 … 163

付録C　学校図書館の電子化に向けて：
　　　　司書教諭のためのチェックリスト……………………………… 170

索　引 ………………………………………………………………… 172

第1部
背景：学校図書館の一大変革期

第1章 学校図書館へのインターネットの導入と司書教諭

1.1 学校図書館へのインターネットの導入の必要性

　学校の情報化に合わせて，学校図書館の情報化が進められてきている。2001（平成13）年度末までに全学校がインターネットに接続され，学校図書館へもインターネット接続端末が導入されてきている。1998（平成10）年に出された，情報化の進展に対応した初等中等教育における情報教育の推進等に関する調査研究協力者会議（旧文部省）の最終報告「情報化の進展に対応した教育環境の実現に向けて」[1]では，教育用コンピュータ等の整備に関わって改善すべき点のひとつとして学校図書館が挙げられ，

> 学校図書館については，コンピュータやインターネット利用環境を整え，司書教諭の適切な指導の下に子供たちの主体的な学習を支援し，読書センターとしての機能に加えて，「学習情報センター」として機能を強化していく必要がある

とされた。

---

[1] 情報化の進展に対応した初等中等教育における情報教育の推進等に関する調査研究協力者会議「情報化の進展に対応した教育環境の実現に向けて」文部省，1998 [http://www.mext.go.jp/b_menu/shingi/chousa/shotou/002/toushin/980801.htm]（アクセス2002年10月1日）．

では，なぜ学校図書館へのインターネット端末の導入が目指されるのだろうか。上に挙げたような「学習情報センター」としての機能強化のため，という回答ではやや漠然とした感があるので，ここで改めてより明確な答えを求めてみたい。

　まず確認すると，インターネットを使えば，ウェブ（World Wide Web: WWW），電子メール，電子掲示板（BBS），チャット，ネット・ニュース（ニュース・グループ），ファイル転送（FTPなどによる）などのサービスが利用可能である。それぞれのサービスではたいてい誰もが簡単に，情報の受信や収集だけではなく，発信もできるようなしくみになっており，世界をまたいだ情報の交換（コミュニケーション）が成立する。つまり，さまざまな機能で支えられる，電子化された情報の容易で自由な国際的流通が，インターネットによって実現される。インターネットはそのように革命的な新しい情報メディアであり，学校図書館へのその導入の必要性は，簡潔に言うなら次の2点にまとめられる。ひとつには，あらゆるメディアの情報へのアクセスを保障し情報提供を行うという図書館の使命の実現のためである。そしてまたひとつには，児童・生徒のあらゆるメディアの情報活用能力育成への活用のためである。この2点のそれぞれについて，以下にもう少し詳しく考えてみよう。

1　あらゆるメディアの情報へのアクセス保障の実現

　特にウェブが考案され，そのためのブラウザが開発されて，文字，画像，音声を問わず，インターネット上の情報はさらに容易に閲覧可能となった。企業などコマーシャル・ベースのウェブ・ページが多いとよくいわれるが，現在では各行政機関もウェブ・サイトをもち，各種の行政情報を公開している。図書館や美術館の中にはいわゆる電子図書館構想を発表して，まずは著作権の主張されない古い文献などを電子化し公開しはじめているところも増えている。そうした古い文献の中には，現物は非公開の文化遺産ともいうべき貴重書も多く，それらへのアクセスはインターネットを経由することがもっとも容易となっている。また，個人でウェブ・サイト（ウェブ・ページ）を開設している人も多く，それらから，

従来はインフォーマルな形でしか入手できなかった有益な情報を得られる場合もある。つまり，インターネットはすでに，図書，雑誌，ビデオ，テレビなどのマスメディア等々に加わって，ひとつのメディアとして社会である重要な役割を果たすようになっている。

　図書館はあらゆるメディアの情報へのアクセスを保障し，民主主義社会において，自由な情報流通と情報共有の基盤を作り上げる。よって，インターネットがひとつのメディアとして社会である役割を果たしている現代において，図書館がインターネットへのアクセスを提供しないという選択肢は，すでにないということだ。それは学校図書館でも同様である。学校図書館は，学校において児童・生徒と教職員に対して，あらゆるメディアの情報へのアクセスを保障し，効率的な情報提供を行うことをもって教育課程を支えるのである。

2　情報活用能力育成の実現

　児童・生徒の情報活用能力育成の重要性は，科学技術の発展と情報爆発・情報過多といった社会現象を契機としてより強く認識されるようになったが，特にインターネットによって膨大な情報へのアクセスが開かれたものとなったことが及ぼした影響は大きい。というのも，以前は情報を求めたとき，情報の専門家によってすでに評価された情報，例えば編集者の判断を経た出版物やさらに司書の評価を経た図書館のコレクションなどがたいてい活用されていた。そしてその検索や入手にあたっては，しばしば司書やサーチャーなどの情報の専門家による支援が行われていた。しかし，インターネット上では誰でも自由に情報発信をすることができ，またその膨大な情報に誰もがどこからでも直接アクセスすることができる。この情報の流通構造の一大変革により，今，ひとりひとりの児童・生徒が，必要な情報に自在にアクセスし，入手した情報を評価し活用する力を身につけ，情報活用について自立する必要性が，過去のどの時代よりも大きくなっている。

　そこで，情報活用能力育成において重要な役割を果たすことは，情報へのアクセス保障と並ぶ，現代の学校図書館の重要な使命である（第2章参照）。よくい

われるとおり，日本では，情報活用能力や情報リテラシーは1986（昭和61）年4月に出された臨時教育審議会の第2次答申において言及され広く知られるようになり，近年は教育界や産業界のみならず，広く社会一般からも注目を集めるようになった。そしてその育成に関わって，学校図書館に対する期待も高まっている。情報活用能力は，情報化の進展に対応した初等中等教育における情報教育の推進等に関する調査研究協力者会議の第1次報告「体系的な情報教育の実施に向けて」[2]（旧文部省）において，①情報活用の実践力，②情報の科学的な理解，③情報社会に参画する態度，という3点にまとめられたが，そのうち特に「情報活用の実践力」については，「各教科等の学習内容や教科等の枠を超えた総合的な学習課題を題材として育成されることが望まれる」とされ，その際の学校図書館の活用が提言された。

情報活用能力はあらゆるメディアの情報の活用能力であり，前に述べたようにインターネットが社会でひとつの重要なメディアとしての役割を果たす現在，当然その活用も含めた情報活用能力の育成が目指されなければならない。それが，民主主義社会において，生涯を「見識ある市民（well-informed citizen）」として生きぬく力としての情報活用能力の育成である。そこで学校図書館は，従来から提供してきた図書，雑誌，ビデオなどのAV資料，CD-ROMなどの電子メディア等々にインターネットを加え，現代のあらゆるメディアの情報活用能力育成の土台を提供するとともに，司書教諭がその指導において中心的な役割を担うことになる。

以上述べてきたように，学校図書館へのインターネットの導入は不可欠である。実際，学校図書館へのインターネット導入が先行した米国では，マーレー女史の経験談（付録A）にも明らかなように，専門職の学校図書館メディア・スペシャリストたちが，インターネット端末導入の必要性を強く認識し，それを求めて戦ってきた。他方で日本では，そうした動きが学校図書館界から起きないう

---

[2] 情報化の進展に対応した初等中等教育における情報教育の推進等に関する調査研究協力者会議第1次報告「体系的な情報教育の実施に向けて」文部省，1997［http://www.mext.go.jp/b_menu/shingi/chousa/shotou/002/toushin/971001.htm］（アクセス2002年10月1日）．

ちに，学校へのインターネットの導入とともに学校図書館へのインターネットの導入が進んできているようにみえる。求めずして与えられ，むしろその「対応」に追われてしまうという状況から脱するべく，日本の学校図書館関係者のインターネットに対する意識改革がまず求められている。

1.2　インターネットの導入に関する司書教諭の使命

　では，実際にインターネットを導入すると，司書教諭は新たに何ができるようになるのか。新たに何をしなければならなくなるのか。ここで，インターネットにまつわる司書教諭の使命を明らかにしよう。

　これまで専門の司書教諭が身につけ用いてきた知識や技術は，インターネットの導入と活用のあらゆる場面に適用される。学校図書館へのインターネットの導入が先行する米国の例をみると，学校図書館においてインターネットに付加価値をつけてサービスするために，学校図書館メディア・スペシャリストが備えるべき知識や技術はある程度決まったものがあるが，それらは基本的には，伝統的な学校図書館専門職の知識と技術の適用または応用と考えられるものである。とはいえ，その適用・応用の仕方は，多くの日本の司書教諭にとってなかなか想像しえない現在の課題であろう。よって，ここでは以下に，学校内の情報の専門家，学習/教授の改革の推進者，学校図書館の責任者という3つの視点[3]から，インターネット時代に司書教諭に求められる新たな使命をまとめよう。

---

[3] 司書教諭の役割をどういった視点でとらえるかには，さまざまな考え方があろう。ここで3つの視点を挙げるにあたっては，米国で1998年にALAから出版された『インフォメーション・パワー――学習のためのパートナーシップの構築』（アメリカ・スクール・ライブラリアン協会，教育コミュニケーション工学協会共編，同志社大学学校図書館学研究会訳，同志社大学（日本図書館協会発売），2000）中の，児童・生徒の学習を支える学校図書館メディア・プログラムの3要素「情報へのアクセスと提供」「学習と教授」「プログラムの運営」を考慮するなどした。

1　学校内の情報の専門家として

　学校図書館において司書教諭が行う，資料と情報へのアクセス提供とコレクションの形成と管理に関わるあらゆる職務に，インターネットが加わることになる。その際基本的には，司書教諭としてすでに身につけている情報の専門家としての知識や技術をインターネットに適用することになるが，一部のインターネット特有の課題については，従来の知識や技術を応用することが必要となる。

　ここであえて述べておきたいのは，インターネットは新たな情報技術であるとはいえ，『インフォメーション・パワー ── 学習のためのパートナーシップの構築』がいうように，司書教諭はそれにまつわる「テクニシャン（技術者）」ではなく，「テクノロジスト（科学技術者；自ら思想を持ってその科学技術を使い広める人といった意味か）」でなければならない[4]ということである。つまり，専門的な技術をもって実際にネットワークや端末の管理を行うというよりも（そうした仕事はテクニシャンに任せればよい），むしろその新たな情報技術について，ある程度の専門的な技術を知識として身につけ，自らの司書教諭としての専門性からそれをとらえ直し，活用することが求められているのである。

　もちろん，インターネットへのアクセス提供のためには，コンピュータやネットワーク接続の管理といった，非常に技術的な職務は必ず加わってくる。これには，慣れるまでに非常に多くの学習や経験が求められるだろうが，学校内のテクニシャン（技術者）やその他の教職員に助けてもらうこともできるだろう。より重要であるのは，単なる技術的な職務を超えた，学校図書館の使命実現のためのインターネットの活用に関わる，以下に論じるような職務である。

　学校図書館へのインターネット端末導入にあたり，まずは，学校図書館のコレクションの中でインターネットをどう扱うかについて方針を決定し，利用ガイドラインを作成することが必要になる。このとき，学校内の情報の専門家としてきわめて慎重な判断が求められる。それは，インターネットに接続し，インターネ

---

[4] アメリカ・スクール・ライブラリアン協会，教育コミュニケーション工学協会共編，前掲，p. 60.

ット上の情報をそのまますべて学校図書館のコレクションに加えてしまうようにするか，インターネットへの接続に制限を加えて一部の機能や情報のみを提供するかの決定である（第3章参照）。

続いて，インターネット上の情報の入手に関わって，さまざまな課題がある。例えば，インターネット上には無料の情報検索ツールが多数提供されているが，情報検索にあたってそれらの検索システムを評価し，比較・検討し選択する。これは従来オンライン検索，オンディスク（CD-ROM）検索でも同様に行われてきたが，ウェブ上の各種データベースや検索エンジンの評価に特有の検討項目などもあるので注意する。また，インターネット上のシステムはより頻繁に修正や変更を加えられるため，検討もより頻繁に行う必要がある（第5章参照）。また，従来さまざまな検索システムに用いてきた情報検索の知識や技術はインターネット上での情報検索にもおおいに役立つが，ウェブ上の各種データベースや検索エンジンのしくみや特徴を理解したうえでそれらを活用することが，効率的な検索には求められる（第4章参照）。

インターネット上の情報の活用に関しても，さまざまな課題がある。インターネットから入手した情報の評価には，従来選書において発揮してきた知識や技術が応用できる。しかし，情報の質という意味でまさに玉石混淆のインターネットはより細かな評価作業を求める傾向があり，またいくつか固有の評価項目を要求する。司書教諭が価値を認めた情報について，従来はコレクションに加えたり推薦資料のリストを作成したりしていたが，インターネット上ではリンク集の作成が類似の意味をもつことになろう（第6章参照）。資料の教育利用に際しての著作権処理も従来と変わらず重要であるが，著作権についてはインターネットが問題をさらに複雑にしているため注意が必要である。法改正の議論は現在も続いており，情報の専門家としての継続的な学習と積極的な発言が求められているといえる（第7章参照）。ここに挙げたような司書教諭が直面する新たな課題のそれぞれについては，続く各章でさらに詳しく論じていく。

2 学習/教授の改革の推進者として

　資料や情報に基づく自主的な学習は常に学習の基本であるはずだが，日本の学校教育では明治の国定教科書制度の発足以来長い間，唯一絶対的存在の教科書による講義方式がもっぱら採用されてきた。そして，ひとりひとりの児童・生徒が自主的に複数の資料や情報を活用して学習を進め，教師はその学習活動の支援者にまわるという教授法は，ごく一部の教師には熱心に実践されても，なかなか一般的には浸透しなかった。しかしそんな中でも学校図書館関係者は，自らの興味と関心に基づいて学ぶ自立した生涯学習者の育成を目指して，いわゆる「調べ学習」といわれる資料や情報を活用した学習/教授法の推進に根気強く取り組んできた。その学校図書館関係者がこれまで目指していたところは，現在教育界で広く唱えられている情報活用能力の育成の目指すところとまさに一致している。よって，従来から学校図書館関係者が唱え続けてきた学習/教授法の改革は，情報化社会の進展とともに情報活用能力の育成の重要性が認められてきている今，さらに強力に訴えられるだろう。

　情報活用能力の育成はまた，従来，日本の学校図書館界で，教科の学習/教授における調べ学習の実践との統合が訴えられてきた，「図書館教育」や「利用指導」といった，図書館と資料の利用に関する指導の発展線上にもとらえられるべきものでもある[5]。よって，これまでにも図書館教育や利用指導を唱え，ある種の情報活用能力の育成に関与してきた司書教諭が，図書館の壁を越え，インターネットも用いた情報活用の能力の育成においても，引き続き中心的な役割を果たすのは当然のことである（第2章参照）。

　今，「体系的な情報教育の実施に向けて」[6]などにおいて，情報活用能力は情報教育で育成されるといわれ，そうした理解が浸透してきている。そうなると，司

---

[5] 日本における図書館の利用に関する教育の変遷を見れば，その内容は近年いわれている情報活用能力の育成と重なる部分も多い。詳しくは，次の堀川照代の論考を参照のこと。
・堀川照代「文部省刊行「学校図書館の手びき」等における学校図書館に関する教育」，『島根県立島根女子短期大学紀要』第29号，1991，pp. 93-102．
[6] 情報化の進展に対応した初等中等教育における情報教育の推進等に関する調査研究協力者会議第1次報告，前掲．

書教諭は情報教育において中心的な役割を果たす者だともいえる。情報教育は専門科目（中学校の技術家庭科や高校の情報科）でのみ行われるものではないことも，よく認識しておくべきだろう。情報活用能力を育成する情報教育は，教育課程のあらゆる場面において行われるべきものである。「体系的な情報教育の実施に向けて」でも，情報活用能力の育成には，学習法や教授法の変革が必要であることが言われた。そうした情報教育が目指され，例えば総合的な学習の時間などで教科の枠を超えた学習／教授が実現されようというとき，司書教諭は他の教職員との協同においてしばしば中心的な役割を果たすことが期待される。前項に挙げた情報の専門家としての司書教諭の役割の変化は総合的に，この学習／教授の改革の推進者としての司書教諭の役割の実現に結びついていかなければならない。

3　学校図書館の責任者として

　インターネット時代の学校図書館の責任者としての使命はまさに，学校図書館へのインターネット導入の意義を理解し，インターネット接続を整備することからはじまるであろう。そしてその教育的効果を最大限に引き出すべく，限られた施設，人的資源，財源を計画的に適切に使うよう計画・実施しなければならない。そのため，校長や教頭といった管理職や他の教職員（もちろん学校図書館で働く他の教職員も含む）に，学校図書館へのインターネット導入について理解と支持を求めるとともに，導入後もその活用促進のために積極的に働きかけ協同を実現していく必要がある。導入時には，学校図書館におけるインターネットの提供を，学校図書館の理念や使命とからめてどうとらえるかを理念的かつ実践的に考え，利用・提供の方針を決定する必要もある。その際，校長，教頭，他の教職員，児童・生徒，保護者，地域の人々といった関係者に広く意見を求め，皆が同意の上で方針を決定することが重要である（第3章参照）。

　また，情報発信が容易であるというインターネットのもっとも大きな特徴のひとつを利用すれば，自分の学校図書館の存在意義を校外にもアピールできる。ウェブ・ページを通して，学校図書館に関する情報の公開を進めるだけでなく，児童・生徒の学校図書館における学習や実践を報告したり，コレクションのデータ

ベースを公開して他の図書館や学外の利用者の要求に応えるといったことも検討されよう。つまり，司書教諭は管理者としてより高い視点から広く，学校図書館の活動のあらゆる側面について，インターネット導入の与える影響を考えることが求められる。

1.3 司書教諭の継続学習の必要性：米国の先例から学ぶ

　以上述べてきたように，このメディアの一大変革の時代に，司書教諭は既得の知識や技術を応用し発展させていくことが求められている。実際，学校図書館へのインターネット端末の導入が先行した米国では近年，多くの図書館学校や各州の学校図書館職員の専門職団体が学校図書館メディア・スペシャリストのリカレント教育に取り組んでおり，また参考となるような資料も多数出版・公開されている。

　そうした中で，アメリカ・スクール・ライブラリアン協会（American Association of School Librarians, 以下 AASL）によるリカレント教育プログラムの「ICONnect（アイコネクト）」[7]は，広く全米の学校図書館メディア・スペシャリストたちの間で注目を集めた。ICONnect はインターネットを活用したプログラムであり，米国では学校図書館メディア・スペシャリスト自らが，インターネット・テクノロジーの恩恵を受けたといえよう。

　ICONnect のアイディアは 1994 年に AASL 内で生まれ，1995 年には正式に取り組まれはじめた。マイクロソフト社をはじめとするテクノロジー関連企業，

---

[7] ICONnect の歴史と概要については，以下の報告を参照した。ただし ICONnect は，2001 年 6 月に発展解消された。その成果の一部は，現在も AASL のウェブページ [http://www.ala.org/ala/aasl/aaslindex.htm]（アクセス 2005 年 4 月 22 日）で公開されている。
　・Mancall, Jacqueline C., Stafford, Brian, and Zanger, Colleen. "ICONnect: A Snapshot of the First Three Years", *Knowledge Quest*. Vol. 28, No. 1, 1999, pp. 24-37.

出版社，図書館業務関連企業，そして連邦教育省が資金を援助してきた。ICONnect は，学校図書館メディア・スペシャリストは学校でのインターネットの活用においてリーダーシップを発揮する立場にあるとして，現場レベルでのそのリーダーシップの実現と普及を目指してはじまった。具体的には，学校図書館メディア・スペシャリストは次のようなリーダーシップを発揮すべきとされている。インターネットのナビゲーター，教員の協同者，カリキュラムの評価者，情報発信者（出版者），インターネット提供プログラムの管理者，他の教職員への啓蒙者，親（保護者）たちへの啓蒙者，としてのリーダーシップである。そして，同プロジェクトのウェブ・ページでは，オンライン・コース，児童・生徒や家族のためのページ，リンク集などが提供されている。オンライン・コースとしては，表1.1に示すようなトピックのものが提供されており，司書教諭が学校図書館へのインターネット導入にあたって，新たにいかなる知識や技術を身につけるべきかを考える際に参考になる。

　ICONnect の各オンライン・コースに登録すると，毎週1通の学習資料がメールで4週間届けられる。コース終了後はその内容がネット上に公開される。このオンライン・コースは英語ではあるが量は多くないので，日本からでも登録してみるとよいだろう。このインターネットを活用した遠隔教育（学習）プログラムで，司書教諭が自らインターネットを活用した学習の機会を得るなら，日本の司書教諭もインターネットの価値やおもしろさを，身をもって知ることになるだろう。

　本書は，学校図書館へのインターネットの導入が先行した米国の例での議論から学び，ICONnect のオンライン・コースなどを参照して企画された。学校図書館へのインターネット導入に際して司書教諭に求められる新たな知識と技術をまとめ，司書教諭がインターネットの導入を受け身でとらえるのではなく，自ら進んで導入し活用していくように，それを促すことを目指したものである。ただし本書ではまず基本として，情報の入手と収集のためのツールとしてのインターネットに，中でもウェブの活用に，焦点をあてた。情報発信ツールとしてのインターネットについて，また電子メールなどウェブ以外のインターネットの機能につ

表1.1　ICONnect のオンラインコースの内容

コース名	トピック	主な学習内容として挙げられているもの
CurriWeb	カリキュラムへのウェブ利用の導入	インターネットやウェブ関連資料の教育実践への活用の意義とその手法；その成功の秘訣
ElemCurr	小学校のカリキュラムへのインターネットの導入	インターネットを活用した教科横断的授業の企画法（小学校に焦点をあてて）
Issues	幼稚園から高校でのインターネットにまつわる問題	フィルターと PICS*；著作権；AUP（利用ガイドライン）；インターネットの引用
Searching	ウェブの効率的な検索	検索エンジン，ディレクトリ，メタ検索エンジンの使い方；検索エンジンについての最新情報の入手法
SLMS 21 st	21世紀の学校図書館メディア・スペシャリスト	図書館メディア・スペシャリストの役割の再定義；インターネットのスペシャリストとなることを助けてくれる入手可能な資料；商取引のツール；（教員へのインターネット指導の）コース・アウトラインの提案
Teleco	ネット上でのテレコラボレーティブ（telecollaborative：テレコミュニケーションを利用しての協同）活動	テレコラボレーティブ活動；成功するテレコラボレーティブ・プロジェクトの企画；リストサーブ・メーリング・リストと電子メールに基づくプロジェクト；プロジェクトに基づく学習のモデル
WebNav	ウェブのナビゲーション	ウェブへの導入；ウェブの旅の秘訣，リンクとブックマーク；学校と図書館のウェブ・サイト，児童・生徒によるウェブの利用；検索エンジン

＊ 第3章図3.1(38ページ)参照。第3章第3節も参照のこと。

いては，ほとんど論じていない。また，もちろん各章においても紙幅などの関係上，十分に説明しきれていない箇所もある。そこで付録Bとして「今後の学習のために」という注釈付きの参考文献リストを付した。それらを参照してさらに自主的な学習を続けて行ってほしい。また，付録Cに，学校図書館の電子化に向けて司書が身につけるべき知識・技術を列挙したチェックリストを付した。学習のガイドとして利用されたい。

　最後になったが，日本でもすでにいくらか，学校図書館の電子化やインターネット導入に関わるリカレント教育プログラムが開発されてきているので，それら

を紹介する。積極的な参加・活用をお勧めしたい。

① 全国学校図書館協議会「学校図書館情報化セミナー」[8]

全国学校図書館協議会(全国SLA)が，1999年から2003年にかけて毎年1回2日間にわたって開催していた。内容は，教育の情報化と学校図書館，CD-ROMの活用，インターネットの活用，ホームページの作成などであった。2001年度は全国から教師，教育委員会指導主事ら185名もの参加があったという。

② メディア教育開発センター(National Institute of Multimedia Education: NIME)のワークショップ[9]

2000年には「教材研究ワークショップ―未来の学校図書館―」と「司書(教諭)の情報化研修を考える」という1日研修が実施された。ただし，参加者は主として司書教諭養成に携わる大学教員らであったと思われる。

③ 司書教諭情報化教材[11]

学校図書館の専門家らが集まって作成したマルチメディア教材。全国の学校図書館での先進的な活動事例の紹介を含む。CD-ROM 6枚，DVD 1枚，ビデオ2本で構成されている。司書教諭養成の授業で，または個人でも，活用することができるだろう。

④ デジタル・ライブラリアン講習会[11]

デジタル・ライブラリアン研究会主催。電子化の進む図書館で働く図書館員のためのリカレント教育プログラム。主に公共図書館員と大学図書館員向けの講習ではあるが，司書教諭にもその大部分は役立つものと思われる。

---

[8] 全国学校図書館協議会「学校図書館情報化セミナー」[http://www.j-sla.or.jp/katsudo/kenkyu5.html]（アクセス2002年10月1日）.

[9] メディア教育開発センター「研修講座」[http://www.nime.ac.jp/KENSYU/index.html]（アクセス2002年10月1日）.

[10] 詳しくは，村山功「司書教諭情報化教材」[http://certd.ed.shizuoka.ac.jp/sch_lib/FLM/]（アクセス2002年10月1日）.

[11] 問い合わせは，デジタル・ライブラリアン研究会（Fax：03-5469-5951，E-mail：dla@slis.keio.ac.jp）へ.

第2章 情報活用能力の育成と学校図書館

2.1 情報活用能力とは何か

　インターネット導入の目的は，児童・生徒に対象を絞って考えると，第1章で述べたように，あらゆるメディアの情報へのアクセスを保障することと，情報活用能力の育成に活用することといえる。この「情報活用能力の育成」は，これからの学校図書館および司書教諭の役割を考える上で非常に大切な概念であると思われる。本章では，この情報活用能力という語の意味やその指導方法について説明する。

　「情報活用能力」は，臨時教育審議会の「教育改革に関する第2次答申」[1]において行政文書として初めて用いられた語である。この答申では，「情報活用能力(情報リテラシー——情報および情報手段を主体的に選択し活用していくための個人の基礎的な資質)」と定義されていた。

　答申には，「情報活用能力」を「情報リテラシー」と説明してあるが，情報リテラシーは「インフォメーション・リテラシー」の訳語と考えてよいだろう。そこで，「インフォメーション・リテラシー」の定義としてよく引用されるものを紹介しよう。これは，アメリカ図書館協会（American Library Association, 以下ALA）のインフォメーション・リテラシーに関する会長諮問委員会（Pres-

---

[1] 臨時教育審議会「教育改革に関する第2次答申」文部省，1986.

idential Committee on Information Literacy）が 1989 年に発表したものである[2]。

　インフォメーション・リテラシーのある人とは，情報が必要である時を認識でき，必要な情報の所在を知る能力をもち，必要とした情報を評価し，効果的に利用できる能力をもった人である。[……] つまり，インフォメーション・リテラシーのある人とは，学び方を知っている人である。学び方を知っているというのは，知識を通して学習することができるように，知識がどのように組織化されていて情報をどのように見つけ出せばよいか，どのように情報を利用したらよいかを知っていることである。

　ALA の部会のひとつである AASL も「インフォメーション・リテラシーに関する見解」（Position Statement on Information Literacy, 1996）を発表している[3]。これは次のように，児童・生徒の立場に立ったものである。

　変化の激しい将来に備えるために，合理的・創造的に思考し，問題解決し，情報を管理・検索し，効果的に伝達することを児童・生徒は学ばなければならない。情報による問題解決のスキルを体得することによって，児童・生徒たちは情報社会や科学技術の進んだ職場に対応できるであろう。

　以上のことから明らかなように，情報リテラシーつまり情報活用能力は，生涯学習時代といわれる現代において，人が主体的な生活を送る上で必要な能力であり，さまざまな問題解決のために必要な情報を探索するプロセスにおいて必要な知識や技術の総体としてとらえることができる。

　ところで，情報リテラシーのほか「メディア・リテラシー」という語も頻繁に耳にし目にするようになった。菅谷明子によれば[4]，「メディア・リテラシーとは，ひと言で言えば，メディアが形作る"現実"を批判的（クリティカル）に読

---

[2] http://www.ala.org/acrl/nili/ilit1st.html（アクセス 2002 年 12 月 1 日）.
[3] Stripling, Barbara K. "Learning and Libraries in an Information Age: Principles and Practice", Libraries Unlimited, 1999, p. 56.
[4] 菅谷明子『メディア・リテラシー――世界の現場から』（岩波新書新赤版 680）岩波書店，2000，p. V.

み取るとともに，メディアを使って表現していく能力のことである」という．この場合のメディアは，マスメディアを想定していることが多いように思われる．

また，視聴覚教育や教育工学関連でも「メディア・リテラシー」という語がよく用いられる．これは，例えばカメラやOHPの使い方からコンピュータの操作までを含んでいるもので，主に情報機器の利用や情報発信のためのスキルを指しているようである．そのほか，「コンピュータ・リテラシー」や「ネットワーク・リテラシー」などの語もみられる．それぞれに指している意味が異なるし，同一語であっても強調する点が異なっている．そこでここでは，これらのさまざまなリテラシーを包含したものとして「情報活用能力（情報リテラシー）」という語を用いることにしよう．図2.1に示すように，さまざまな領域の関係者が用いるさまざまな概念が情報活用能力を構成しているのである．したがって，情報活用能力の育成には，図書館関係者，視聴覚教育・教育工学関係者，情報教育関係者などさまざまな領域の人々が関わっているのである．加えて，さまざまな領域の人が関わるべきなのであり，これらの領域の人々が協力して情報活用能力の育成に関してリーダーシップをとることが必要なのである．

なお，「メディア」という語について少々補足しておきたい．この語は，1969年に米国で発表された学校図書館のガイドライン『学校メディア・プログラム基準』（AASL，全米教育協会視聴覚教育部）のなかで，従来の図書館資料である印刷資料と視聴覚資料を統合したものとして用いられた語である．この基準は，

図2.1 情報活用能力とは

AASLと全米教育協会視聴覚教育部が初めて共同で作成したものとして意義があり，これ以降，2つの組織が共同してガイドラインを作成している。

現在では，印刷資料と視聴覚資料に電子資料も加えて「メディア」という語が用いられており，1998（平成10）年に旧文部省が示した「司書教諭の講習科目のねらいと内容」のなかにも，「学校図書館メディア」とか「学校図書館メディア活用能力の育成」などの語が見られる。しかしわが国では，図書館資料と視聴覚資料，電子資料が真に統合されてメディアとしてとらえられているとは言い難く，その関係領域である学校図書館や視聴覚教育，教育工学，情報学関連の人々の共通の認識と連携が今後のわが国の学校図書館発展の鍵となると思われる。

2.2　情報活用能力のとらえ方

では，情報活用能力とは具体的にはどのような内容のものを指すのだろうか。
前章でもみたように，情報化の進展に対応した初等中等教育における情報教育の推進等に関する調査研究協力者会議の第1次報告「体系的な情報教育の実施に向けて」において，情報教育で育成すべき情報活用能力として，次の3項目が挙げられている[5]。
① 情報活用の実践力
　　課題や目的に応じて情報手段を適切に活用することを含めて，必要な情報を主体的に収集・判断・表現・処理・創造し，受け手の状況などを踏まえて発信・伝達できる能力
② 情報の科学的な理解
　　情報活用の基礎となる情報手段の特性の理解と，情報を適切に扱ったり，自らの情報活用を評価・改善するための基礎的な理論や方法の理解

---

[5] 情報化の進展に対応した初等中等教育における情報教育の推進等に関する調査研究協力者会議第1次報告，前掲．

③　情報社会に参画する態度

　　社会生活の中で情報や情報技術が果たしている役割や及ぼしている影響を理解し，情報モラルの必要性や情報に対する責任について考え，望ましい情報社会の創造に参画しようとする態度

　他方，米国では1980年代後半以降，情報リテラシー・モデルが個人や州・全国レベルの組織で開発されてきた。これは，問題解決のプロセスを想定し，それをいくつかの段階に分けて，各々の段階でどのようなスキル（技能）が必要かを明確にしたものである。

　例えば，アイゼンバーグとベルコヴィッツ（M. B. Eisenberg, R. Berkowitz）が1990年に発表した「ビッグ・シックス・スキルズ・モデル（Big 6 Skills Model）」がある[6]。これは，問題解決のプロセスを次のような6段階に分けたもので，各段階で必要なスキルが列挙され，そのスキルがK-12，すなわち幼稚園から第12学年（日本の高校3年生）のどの学年で習得されるのが望ましいかが表示されている。

　1　課題を明確にする（Task Definition）
　　1.1　解決すべき課題は何かを明確にする
　　1.2　課題解決のためにどのような情報が必要かを知る
　2　情報探索の手順を考える（Information Seeking Strategies）
　　2.1　利用可能な情報源の範囲を考える
　　2.2　利用可能な情報源を評価して優先順位を決める
　3　情報源の所在を確認し収集する（Location and Access）
　　3.1　情報源の所在を具体的に知る

---

[6] Eisenberg, Michael B., Berkowitz, Robert E. *Information Problem-Solving : The Big Six Skills Approach to Library & Information Skills Instruction*, Ablex Publishing Co., 1990.
　インターネット上にもこのモデルに関するサイト［http://www.big6.com］（アクセス2002年10月1日）がある。
　また，次の文献もある。
・平久江祐司「学校図書館利用教育における情報活用能力の育成――M. B. Eisenbergの情報問題解決アプローチの視点から」『図書館学会年報』Vol. 43, No. 4, 1997, pp. 177-186.

3.2　情報源のなかに必要な情報のありかを見つけ出す
　4　情報を利用する（Information Use）
　　4.1　情報源のなかの情報に触れる（例えば読む，聞く，見る）
　　4.2　情報源から適切な情報を取り出す・引き出す
　5　情報を統合する（Synthesis）
　　5.1　種々の情報源から取り出した情報をまとめる
　　5.2　まとめた情報を提供する。
　6　評価する（Evaluation）
　　6.1　成果を判定する
　　6.2　自らの課題解決プロセスを判定する

　このビッグ・シックス・スキルズ・モデルは広く知られているものである。このモデルを基本にして，小学生用や中学生用などのプログラムが考案されており，情報技術教育において幼稚園児から成人を対象に幅広く応用されている。司書教諭は，自校の状況に合わせてこれらのプログラムをアレンジして用いればよいのである。

　米国ではビッグ・シックス・スキルズ・モデルのほかにいくつかのモデルが発表されている。例えば，1989年にクルトー（C. C. Kuhlthau）が発表したモデルは探索プロセスのみを対象にしたもので，7段階に分けられている[7]。カリフォルニア・メディア図書館教育者協会（California Media and Library Educators

---

[7]　Kuhlthau, Carol. C. "Information Search Process : A Summary of Research and Implications for School Library Media Programs", *School Library Media Quarterly*, Vol. 18, No. 1, Fall, 1989, pp. 19-25.
　　このモデルについては，次の文献がある。
　・福永智子「学校図書館における新しい利用者教育の方法：米国での制度的・理論的展開」『図書館学会年報』Vol. 39, No. 2, 1993, pp. 55-69.
　・渡辺智山「利用者研究の新しい潮流：C. C. Kuhlthau の認知的利用者モデルの世界」『図書館学会年報』Vol. 43, No. 1, 1997, pp. 19-37.

[8]　California Media and Library Educators Association. *From Library Skills to Information Literacy : A Handbook for the 21st Century*, Hi Willow Research and Publishing, 1994. 2nd ed. by California School Library Association, 1997.

Association) が1994年に発表したものは，問題解決のプロセス全体が12段階に分けられている[8]。モデルによって問題解決のプロセスの分け方には精粗が見られるが，問題の明確化から始まって，必要な情報を探索し，収集し，その情報を整理・評価・利用して分析・再構成し，新たに作成した情報を伝達・発信し，最後にその問題解決プロセス自体とその成果を評価する，という一連の流れは，どのモデルにおいても共通している。

米国の「情報リテラシー」とわが国の「情報活用能力」の概念を比較してみると，想定されている必要な知識や技術のひとつひとつには，大差はないように思われる。しかし，そのとらえ方には違いがみられる。

米国の「情報リテラシー」には，まず，問題解決のプロセスが前面にある。「人」がどのように問題を解決していくのか，どのように情報探索していくのかということが主軸にあって，そのプロセスのそれぞれの段階でどのような技術や知識が必要かということが考えられている。したがって，インターネットの利用も印刷体の百科事典の利用も，ともに「情報源の利用」のひとつなのである。

先に挙げたわが国の「情報活用能力」では，教育すべき知識や技術がまず提示されており，それらを「実践力」「理解」「態度」という領域に分けて，どの科目で指導するべきかが示唆されている。これは「情報教育で育成すべきもの（情報

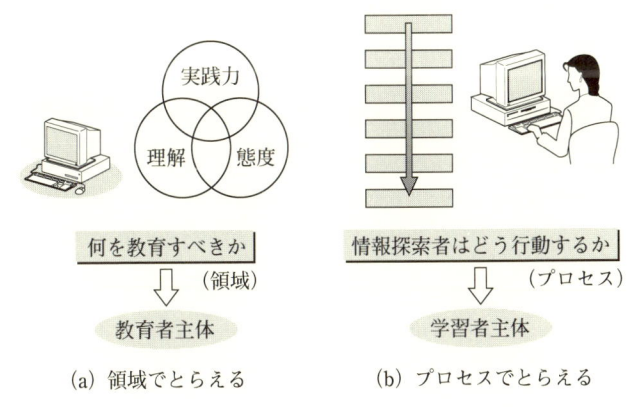

(a) 領域でとらえる　　(b) プロセスでとらえる

図2.2　情報リテラシーの内容のとらえ方

教育の目標)」として発表されたものであるから，米国の「情報リテラシー」のとらえ方と相違があるのは当然であろう。しかし，領域でとらえると指導者主体の教育が見えてくるし，プロセスとしてとらえると学習者主体の学習活動が見えてくるということは重要な違いである（図2.2）。プロセスとしてとらえると，学習者自身が進むべき目標を念頭におきながら，そのプロセスの段階を行ったり来たりできるし，教師の側も指導の方向・段階を明確にして児童・生徒と接することができる。

　米国では歴史的にみて，図書館も市民のリテラシー（読み書き能力）に関わってきており，図書館資料の利用を援助するために図書館利用教育が行われてきた。図書館資料は，当初は印刷資料のみであったが，視聴覚資料を包含するようになり，さらに電子資料をも含めたものに拡大・多様化してきた。当然，図書館利用教育ではこれら多様なメディアを扱うようになり，そしてこの図書館利用教育の延長線上に情報リテラシー教育があるのである。

　これは，学校図書館でも同様である。むしろ，学校という教育機関であるからこそ，学校図書館の教育機能はより強く発揮されるべきあり，米国の学校では学校図書館員たちが情報リテラシー教育に強く関わり，それを発展させてきたのである[9]。

　わが国では，学校図書館の「人」が不在であった期間が長く，学校図書館の利用指導[10]は活発ではなかった。しかし，旧文部省が1948（昭和23）年に刊行した最初の手引書『学校図書館の手引』（師範学校教科書）に「図書および図書館利用法の指導」が明示されており，その後の手引書にも「図書館教育」や「利用指導」の名称で同様な教育が掲げられてきた。1970（昭和45）年刊行の学校図書館の手引書『小学校における学校図書館の利用指導』[11]には，利用指導が次の

---

[9] 以下の文献などを参照。
　・中村百合子「図書館関連団体文書にみる米国における「インフォメーション・リテラシーの変遷」」『日本教育工学雑誌』Vol. 26, No. 2, 2002, pp. 95-104.
[10] 公共図書館や大学図書館では「利用教育」というが，学校図書館では従来から「利用指導」と呼ばれてきた。
[11] 文部省編『小学校における学校図書館の利用指導』大日本図書，1970, p. 9.

ように定義されている。

> [学校図書館の利用指導は] 直接的には図書館の利用に関して必要とされる知識・技能・態度の育成を意図するものではあるが，指導の究極的なねらいは，あくまでも，生涯にわたる自己教育をささえる学習技術（スタディ・スキルズ）とか，あらゆる教科等の学習において必要とされる情報の検索・組織化・処理の能力などを育成することに存する。

これはまさに，「情報活用能力」の定義と重なる。1986 年の臨教審の第 2 次答申のなかで「情報活用能力」が提示される以前から，学校図書館の利用指導としてこの教育が推奨され，わずかながらとはいえ実施されてきたのである。ちなみに，1983（昭和 58）年刊行の手引書『小学校，中学校における学校図書館の利用と指導』[12]では，「利用指導」が狭義にとらえられることを懸念し，学習指導をはじめとするさまざまな場で学校図書館が利用されることを目指して「利用と指導」という語が用いられている。これからの司書教諭は，これまでの利用指導を充実・発展させて，インターネット時代の利用指導つまり情報活用能力の育成に取り組むべきなのである。

2.3　インターネット時代の情報活用能力

　学校にコンピュータが導入され，インターネットに接続された環境が整備されるにしたがって，学習活動においてコンピュータが用いられることが増加してきた。児童・生徒は，電子メールやオンライン・ディスカッション・グループを通して，学校内外の人々とコミュニケーションをとり，CD-ROM やインターネットを利用して情報検索を行う。こうしたコンピュータ関連のスキルが必要とされると同時に，それらをどのように育成したらよいかが問われてきている。

---

[12] 文部省編『小学校，中学校における学校図書館の利用と指導』ぎょうせい，1983. 文部科学省の学校図書館の手引書としては本書が最新のものである。

このコンピュータに関連したスキルも従来の図書館スキルも，もちろん情報活用能力を構成するものであり，これらは個々別々に育成されるものではなく，問題解決のプロセスにそって育成されることが重要なのは，前節で述べてきたとおりである。

　アイゼンバークとジョンソン（Michael B. Eisenberg and Doug Johnson）は，ビッグ・シックス・スキルズ・モデルをもとにして，そのなかにテクノロジー・スキルを組み入れた，「問題解決のためのテクノロジー・スキル」を発表している[13]。このなかには，電子メールやオンラン・ディスカッション，リアルタイム・コミュニケーション，電子会議，などの用語が頻繁に見られる。これらのスキルを表2.1に示す。

　また，AASLと教育コミュニケーション工学協会（Association for Educational Communications and Technology：AECT）は，「情報リテラシー基準」を共同で開発し，1998年に発表した。これは「児童生徒の学習のためのインフォメーション・リテラシー基準」（Information Literacy Standard for Student Learning）という名称で，『インフォメーション・パワー』（1998）の第2章として掲載されているほか，48ページの小冊子としても刊行されており，教師や校長，保護者，行政管理者などに配布して，情報リテラシー教育への協同と支持を強めてもらうことが意図されている。

　この情報リテラシー基準は，以下のように9つの基準から成り，「情報リテラシー」と「自主学習」「社会的責任」の3つに分けられている[14]。

① 情報リテラシー
　基準1：情報リテラシーを身につけている児童・生徒は，効率的かつ効果的に情報にアクセスできる。

---

[13] Eisenberg, M. B., Johnson, Doug, "Learning and Teaching Information Technology: Computer Skills in Context", pp. 2-3. [http://ericit.org/digests/EDO-IR-2002-04.pdf]（アクセス2002年12月1日）.
[14] アメリカ・スクール・ライブラリアン協会，教育コミュニケーション工学協会共編，前掲，pp. 11-12.

基準2：情報リテラシーを身につけている児童・生徒は，批判的かつ適切に情報を評価することができる。
　基準3：情報リテラシーを身につけている児童・生徒は，正確かつ創造的に情報を利用することができる。
② 自主学習
　基準4：自主学習者である児童・生徒は，情報リテラシーを身につけており，個人的興味に関連のある情報を求める。
　基準5：自主学習者である児童・生徒は，情報リテラシーを身につけており，文学などの情報の創造的な表現を鑑賞することができる。
　基準6：自主学習者である児童・生徒は，情報リテラシーを身につけており，情報探索と知識の生成に優れようと努力する。
③ 社会的責任
　基準7：学習コミュニティや社会に積極的に寄与する児童・生徒は，情報リテラシーを身につけており，民主主義社会にとっての情報の重要性を認識する。
　基準8：学習コミュニティや社会に積極的に寄与する児童・生徒は，情報リテラシーを身につけており，情報と情報技術に関して倫理的行動をとる。
　基準9：学習コミュニティや社会に積極的に寄与する児童・生従は，情報リテラシーを身につけており，グループへの効率的な参加を通して，情報を探究し，生成する。

　わが国でも，こうした児童・生徒の達成目標を，学校図書館界のみならず学校教育に携わる者たちが共通の認識とし，共通の目標として掲げて，情報活用能力の育成にあたることが望まれる。

表2.1 「情報による問題解決のためのテクノロジー・スキル：カリキュラムを基本にしたビック・シックス・スキルズ・アプローチ」Michael B. Eisenberg, Doug Johnson and Robert E. Berkowetz［http://ericit.org/digests/EDO-IR-2002-04.pdf］

1. 課題を明確にする
情報の問題の解決プロセスの第1段階は，情報が必要なことを理解し，問題を明らかにし，必要な情報のタイプと量を知ることである。テクノロジーに関しては，児童・生徒は次のことができるようになるだろう。
A．課題や作業，情報の問題に関して教師と連絡をとるために，インターネットやイントラネットやLAN上で，電子メール，オンライン・ディスカッション（リストサーブ，電子掲示板，ニュース・グループ），リアルタイム・コミュニケーション（インスタント・メッセージ・サービス，チャット，IPテレフォニーなど），電子会議，グループウェアを用いる。
B．論題（トピック）を生み出したり，問題を明らかにしたり，児童・生徒のグループ間のローカルなあるいはグローバルな共同活動を促進したりするために，インターネットやLAN上で電子メール，オンライン・ディスカッション，リアルタイム・コミュニケーション，電子会議，グループウェアを用いる。
C．論題（トピック）を生み出したり，問題を明らかにしたり，主題領域の専門家とのローカルなあるいはグローバルな共同活動を促進したりするために，インターネットやLAN上で，電子メール，オンライン・ディスカッション，リアルタイム・コミュニケーション，電子会議，グループウェアを用いる。
D．コンピュータによる図式化や，ブレーンストーミング，アイデア生成のソフトウェアを用いて，情報の問題を明確にしたり細分化したりする。これには，トピックに関する疑問や見通しを発展させることも含まれる。
2．情報探索の手順を考える
情報の問題が明確に表現されたら，児童・生徒は可能性のある情報源をすべて検討し，探索の計画を立てなければならない。児童・生徒は次のことができるようになるだろう。
A．データ収集のために，さまざまなタイプの電子情報源の価値を評価する。電子情報源には，データベース，CD-ROMの情報源，商用インターネット・オンライン情報源，電子レファレンス資料，地域および政府情報の電子情報源が含まれる。
B．インタビュー，調査，実験，電子的手段によって入手可能な文書などの一次情報の必要性と価値を評価する。
C．電子情報源を評価するための規準を設定し適用する。
D．オンラインによる調査，電子インタビューなどの独自なデータ収集ツールや，あるいは測定器，計量器，タイマーなどの科学的データ収集ツールを作成するための，規準を設定し適用する。
E．最新文献の探索の一部として，あるいは情報の作業に関連して，インターネットやLAN上の電子メール，オンライン・ディスカッション，リアルタイム・コミュニケーション，電子会議，グループウェアの価値を評価する。

F.	コンピュータを用いて，フローチャートや時刻表，組織図，プロジェクト計画（ガント・チャートなど），カレンダーを作成する。それは，児童・生徒が複雑なあるいはグループによる問題解決活動の計画を立て組織化するのに役立つ。
G.	PDAやタブレットPCなどの携帯型装置を用いて連絡を取り合い，作業リストや計画表を作成する。

3. 情報源の所在を確認し収集する

情報探索の優先順位を決定した後に，児童・生徒は，多様な情報源から必要な情報の位置を突き止め，その情報にアクセスする。児童・生徒は次のことができるようになるだろう。

A.	学校図書館メディアセンター内（メディアセンターのLAN上のもの；オンライン目録，雑誌記事索引，フルテキスト情報源，マルチメディア・コンピュータ・ステーション，CD-ROMステーション，オンライン端末，スキャナ，デジタルカメラなどを含む）で入手できる適切なコンピュータ情報源やテクノロジーを探し出して利用する。
B.	イントラネットやLANで入手できるもの（フルテキスト情報源，CD-ROM，生産的ソフトウェア，スキャナ，デジタルカメラなど）を含めて，学校全体で入手できる適切なコンピュータ情報源やテクノロジーを探し出して利用する。
C.	インターネットによって学校を超えて入手できる適切なコンピュータ情報源やテクノロジー（ニュース・グループ，リストサーブ，ウェブ・サイト，FTPサイト，オンライン閲覧目録，商用データベースとオンラインサービス，他地域や大学・政府の情報源など）を探し出して利用する。
D.	学校図書館メディアセンターその他で情報を提供し支援してくれる人々の役割を知り，その人々がもっているコンピュータに関する専門的知識を認識する。
E.	イントラネットやLAN，スタンドアロン・ワークステーション，ベンダー，インターネットを通して入手できる電子的参考資料（電子的な百科辞典，辞書，伝記的参考資料，地図，地理的データバンク，シソーラス，年鑑，資料集など）を利用する。
F.	インターネットや商用コンピュータ・ネットワークを用いて，専門家と連絡をとり，援助やレフェラル・サービスを受ける。
G.	電子メール，リストサーブ，ニュース・グループ，オンラインによるデータ収集ツールを通して，電子的調査を自ら提案し行う。
H.	特定のあるいは総体的な情報を探す助けとなる電子情報源（索引，目次，ガイドやマニュアル，凡例，太字と斜体，グラフィカルな手がかりとアイコン，相互参照，ブーリアン論理戦略，時刻表，ハイパーテキストリンク，知識の分類の樹形図，URLなど）に特に適したシステムやツールを利用する。これには，次の利用を含む。 　1.　スタンドアロン，CD-ROM，ネットワーク化されたあるいはウェブ上のオンライン・データベースやサービスのためのツールやコマンド

2. 検索エンジン，メタ検索ツール，検索ロボット，ディレクトリ，ジャンプページ，インヴィジブル・ウェブ［http://www.invisibleweb.com］のような特別の情報源など，インターネットを検索するための検索ツールやコマンド
3. 日時，場所，形式，評価されたサイトや他の基準によるコレクションによって探索が限定される特別のサイトや探索ツールコマンド

4. 情報を利用する

役に立つと思われる情報源を見つけた後，児童・生徒はそれが適切かどうかを検討するためにその情報を読んで，見て，聞いて，そして適切な情報を引き出す。児童・生徒は次のことができるようになる。

A. 情報にアクセスするのに必要なコンピュータ・テクノロジーを種々に用い，その作業に関連するガイドやマニュアルを読む。

B. インターネット・サイトやアーカイブからの文書やファイルやプログラムを見たりダウンロードしたり解凍したり開いたりするのに必要なソフトウェアやハードウェアを知って利用することができる。

C. 電子情報源からの情報を，正しく引用して，コピーして貼り付け，個人の文書とする。

D. ワープロ，データベース，プレゼンテーションや同様の生産的プログラムを用いて，ノートをとったりアウトラインを作成したりする。

E. 脚注や文末注，参考文献に情報源を正しく引用して記載するために，情報源の情報と所在に関する電子情報を記録する。

F. 電子的な表計算，データベース，統計ソフトウェアを利用して，統計データを処理し分析する。

G. 課題に関連する電子情報を分析しふるい分けて，不適切な情報を除く。

H. 収集されたデータを確実な場所（フロッピーディスク，個人のハードドライブ，CD-RW，オンライン・ストレージ（保存），フラッシュメモリなど）に保存しバックアップをとる。

5. 情報を統合・再構成する

情報による問題解決活動の結果を組織化し伝達する。児童・生徒は次のことができるようになる。

A. ワープロ，データベース，表計算を用いて，情報を分類しグループ化する。

B. 少なくとも手書きの2倍の速さのキーボードスキルをもって，ワープロやデスクトップ・パブリッシングのソフトウェアを用いて，文書を作成し印刷する。

C. 印刷物によるプレゼンテーションや電子的プレゼンテーションにおいて，コンピュータによってグラフィックスやアートを作成し利用する。

D. 表計算ソフトウェアを用いてオリジナルな表を作成する。

E. 表計算ソフトウェアやグラフ作成プログラムを用いて，図や表，グラフを作成する。

F. データベース・ソフトウェアを用いてオリジナルのデータベースを作成する。

G.	プレゼンテーション・ソフトウェアを用いて，スライドショーを構成したり，OHPシートやスライドを作成したりする。
H.	デジタルビデオやデジタルオーディオを含み，HTML文書や他のプログラムとリンクしているハイパーメディアやマルチメディアの制作物を見せるための投影装置を作り，利用する。そのプレゼンテーションをWebページ用に変換する。
I.	テキスト文書にHTMLを用いたり，ウェブ・ページ作成ツールを用いたりして，ウェブのページやサイトを作成し，これらのページをウェブ・サーバに組み込む手続きを知る。
J.	電子メール，FTP，グループウェア，その他のテレコミュニケーション機能を用いて，情報による問題解決活動の結果を発表する。
K.	特定の課題に適した特定のコンピュータ・アプリケーション，例えば，作曲用ソフトウェア，描画・製図支援プログラム，数学モデル・ソフトウェア，科学測定用のものなどを用いる。
L.	脚注や文末注，参考文献と同様に，制作物に含まれる情報の電子情報源（テキスト，グラフィックス，音声，ビデオ）を正しく引用し記載する。

6. 評価する

評価は，最終成果物が当初の課題をどれほどよく満たしているか（効果），情報による問題解決プロセスを児童・生徒がどれほどうまく成し遂げたか（効率性）に焦点が合わされる。児童・生徒は，自身で己の仕事やプロセスを評価したり，他の人（クラスメート，教師，ライブラリー・メディアスタッフ，両親）から評価されたりする。児童・生徒は次のことができるようになる。

A.	自己の電子的プレゼンテーションの内容と構成を評価するために，電子的プレゼンテーションを内容と構成から評価し，自己評価ツールをデザインする。
B.	ワープロや他のソフトウェアのスペルと文法のチェック機能を用いて，作成したものを編集し改善する。
C.	著作権と剽窃に関連した情報テクノロジーに関して，法律を遵守し倫理的行動をとる。
D.	電子メール，ニュース・グループ，リストサーブ，その他のインターネット機能の使用にあたっては，エチケットを理解し遵守する。
E.	インターネットや他の電子的テクノロジーの利用に関しては，利用方針や校則を理解し遵守する。
F.	インターネットやLAN上での電子メール，リアルタイム・コミュニケーション（リストサーブ，ニュース・グループ，インスタント・メッセージ・サービス，チャット，IPテレフォニーなど），電子会議，グループウェアを用いて，課題の成果，作業，情報の問題に関して教師や他の人々とコミュニケーションをとる。
G.	プロセス全体を通して，電子情報源と電子ツールの利用には思慮深く行動する。

2.4 情報活用能力育成への取り組み

「情報活用能力」は，前述したように，人が主体的な生活を送る上で基本的な能力であり，さまざまな問題解決のために必要な情報を探索するプロセスで要求される知識や技術の総体としてとらえることができる。情報活用能力の育成というと情報教育担当者の役割のようにとらえられがちである。たしかに，情報科として指導すべき内容もある。しかし情報活用能力は，各教科に共通の土台として必要なものである。国語科とか数学科とかある教科に特化したものではない。したがって，どの教科においても教育できるものともいえるし，教科から離れて共通に教育できるものともいえる。しかし，各教科がそれぞれに情報活用能力の育成を行えば重複も出てこよう，不足も出てこよう。そこで，情報活用能力の育成に関して教科間の調整を行い，中心となって推進する役割が必要となる。それが司書教諭および学校図書館が担うべき役割なのである。

情報活用能力の育成においては，各教科を有機的に結びつけて教育を進めてこそ，効率的であり効果も期待できる。内容によっては，例えば資料の分類など図書館が指導するとよいものもある。地図帳の見方を教えるには社会科の時間に，コンピュータの操作法を教えるには，お絵かきから始めるとしてまず生活科の時間になど，各教科で指導するとよいものもある。教科で指導するといっても，単に技術指導の挿入ではなく，その教科の目的と情報活用能力の教育目的を統合させた授業計画をもつことが必要となる。教科と統合させて情報活用能力の育成を進めるということは，教科のなかでのさまざまな問題解決のプロセスの各段階とスキル指導が結びつくことである。まさに必要なときに必要なスキルが指導されるのである。

学習者は，プロセスの各ステップを行ったり来たりしながら必要な知識や技術を自分のものにしていき，情報の問題の解決方法を知り，状況を見通す力を蓄えていく。個別の状況を繰り返すことによって，未知の状況へも対処できるような応用能力を発達させていくのである。情報活用能力が問題解決プロセスと結びつ

いてとらえられていればこそ，可能となる教育であろう。

そもそも学校図書館は教育のインフラストラクチャとして構想されてきたといっても過言ではない。デューイ（J. Dewey）が 1899 年に『学校と社会』[15] のなかで，学校図書館の概念を図 2.3(a) のように示しており，その機能を次のように説明している。

> ［図書室は］子どもたちが諸々の経験，諸々の問題，諸々の疑問，かれらが発見した諸々の個々具体的な事実をもちよって，それらのものについて論議する場所であるが，それらを論議する目的は，それらのもののうえに新しい光を投ずること，わけても他人の経験から来る新しい光，世界の叡知の集積——それは図書室に象徴されている——から来る新しい光を投ずることである。

今日，学校図書館は情報活用能力の育成という点において各教科間を調整・統

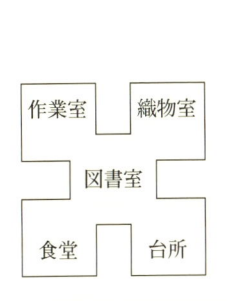

J.デューイ，宮原誠一訳『学校と社会』岩波書店，1957．

各々の実践に世界の叡知の集積からくる新しい光をあてる

(a) 学校の中で具体化したい概念

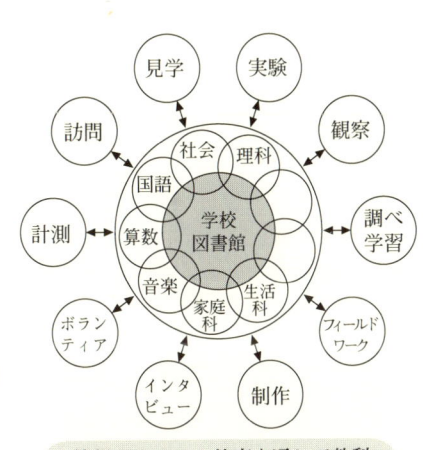

情報リテラシー教育を通して教科間が学校図書館によって結びつく

(b) 各教科に共通の基盤となる学校図書館

図 2.3　学校図書館は学習活動のインフラ

---

[15] J.デューイ，宮原誠一訳『学校と社会』岩波書店，1957, p.88.

合する役割を期待されている。総合的な学習が必修となり，児童・生徒の主体的な学習が強調され，調べたり見学したり観察したり体験したりと，学習の方法がより多様となってきた。どのような内容の学習であれ，どのような学習の方法であれ，学習活動の個々の段階で児童・生徒の五感に触れたものを学校図書館のメディアを利用して確認し納得してこそ，次の活動への弾みとなり，新たな学習の展開の可能性が生まれるのではないだろうか。

デューイの意図した学校図書館の概念では，個々の体験と図書館との相互作用が説明されていた。個々の児童・生徒の学習活動に新しい光をあてることを保証するものとして，デューイの時代から学校図書館は教育のインフラストラクチャであったのである。現在では，個々の学習活動と図書館との相互作用に加えて，教科間関係を含んだすべての学習活動と学校図書館の関係を考える必要がある（図 2.3(b)）。学校図書館によってすべての教科が結びつくのである。これにはすべての教材を結びつける役割をとる人が必須となる。現代の学校図書館は，単なる施設・設備としてのインフラではなく，学習活動全体を把握し，教科学習活動相互に関連性をもたせる機能をもち，それを具現化させる人の必要な，教育の基盤・土台としてのインフラストラクチャなのである。

情報活用能力の育成を展開するには，司書教諭は学校全体の教育内容を把握し，教師全体に諮って年間計画を立てることが必要となる。情報活用能力のそれぞれのスキルを，特設の時間で指導するか教科と融合させて指導するか，教科との融合の場合には，どの学年のどの教科のどの単元で行うかを検討しなければならない。インターネットが導入されると学習内容も方法もさらに多様になってくる。児童・生徒の学習活動の可能性は大幅に増大する。従来に増して各教科の指導内容・進度の充分な把握や教科間の綿密な調整が必要となる。

しかし，司書教諭ひとりでは学校全体の計画は立てられない。情報教育担当者など情報活用能力の育成に関わる教師たちが組織を作ってその任にあたるとよい。図書館係と視聴覚係を統合して情報係とした学校もある。学校図書館係と情報教育係が一緒になってメディア教育部を構成している学校もある。組織を作って校務分掌に位置づけることが必要である。

さて，情報活用能力の育成に関して計画を立て，実施した後には，評価がなされなければならない。指導の内容・方法はどうであったか，児童・生徒の能力に向上が見られたかなどについて，テストやアンケート，観察などによって，チェックされ分析されて，学校全体で検討されなければならない。

2.5　学校の情報化と司書教諭

　司書教諭は情報活用能力の育成を推進するばかりでなく，「学校の情報化の中枢的機能を担っていく」ことが期待されている。情報化の進展に対応した初等中等教育における情報教育の推進等に関する調査協力者会議の最終報告「情報化の進展に対応した教育環境の実現に向けて」[16]には，「司書教諭の役割」として次のような記述が見られる。

> 学校図書館が学校の情報化の中枢的機能を担っていく必要があることから，今後，司書教諭には，読書指導の充実とあわせ学校における情報教育推進の一翼を担うメディア専門職としての役割を果たしていくことが求められる。[……] 具体的な役割としては，子どもたちの主体的な学習を支援するとともに，ティーム・ティーチングを行うこと，教育用ソフトウェアやそれを活用した指導事例等に関する情報収集や各教員への情報提供，校内研修の運営援助などが考えられる。

　以上のように各教科活動を展開する教師たちを支援するには，最新のソフトウェアやウェブ・ページについて知り，それらを評価できなければならない。指導事例や各種専門的情報を効率よく入手して提供できなければならない。

　さらに校内の情報化を推進するために，校内 LAN の構築方法を知り，最新の情報技術の動向を知り，学校運営上の情報行動を把握し，国や自治体の情報教育

---

[16] 情報化の進展に対応した初等中等教育における情報教育の推進等に関する調査協力者会議，前掲．

やその関連施策の動向を知って，適切に支援し対処しなければならない。

　さらに，司書教諭として心がけなければならないことは，児童・生徒に教える知識や技術の内容を，己自身が熟知し体得することが必要であるばかりか，その指導方法を知っていることが必要なのである。学校図書館の分野は，図書館教育と呼ばれることもあるが，社会科や理科などのように独立した教科ではないだけに，教科教育法というべき領域が未開拓であり，今後の大きな課題といえる。

　学校教育のなかでテクノロジーの占める部分が大きくなってきている。テクノロジーの増大と情報技術の急速な進展は，情報活用能力の育成をさらに複雑にしている。司書教諭は，児童・生徒を指導する上でも教職員を支援する上でも学校図書館の管理運営上にも，また学校の情報化という点からも，情報に関する新しい知識や技術に対して常にアンテナをはり，それを評価して取り入れる努力を怠ってはならない。司書教諭資格取得時に得た知識や技術は，すぐに古く役に立たなくなってしまうことに気づかなければならない。

第2部
インターネット導入に必要な知識と技術

第3章 インターネット導入と方針の決定

3.1 インターネット導入を前に

　インターネットは，これまでの各種メディアとは大きく異なる特徴をもつため，学校や学校図書館への導入には，教育的見地から非常な関心がよせられている。小学校でインターネットの教育活用に先進的に取り組んできた石原一彦は，学校にとってインターネットがどんなに新しいものかについて次のように述べている[1]。

> インターネットを教育に利用するということは，「教室に現実を映し出す窓を持ちこむ」ということです。この窓からは，現実世界の情報が一方的に送りこまれるだけでなく，教室からもこの窓を通して現実世界にコミットができます。今までは，壁に守られた教室で限られた情報だけをもとに授業が行われてきましたが，インターネットを利用することで壁が崩れ，現実世界との関わりのなかで授業を行うことになります。従来型の授業に満足している教師にとって，インターネットはやっかいな学習環境であって，おそらく受け入れがたいものになるでしょう

　石原の指摘する，教室が現実世界に開かれるということは，インターネットに

---

[1] 石原一彦「インターネットは「透明なメディア」に──」永野和男監修『図説 教師と学校のインターネットⅠ』オデッセウス，2000，p. 39.

よる教育革命のひとつである。教育はもはや学校の中で教師と児童・生徒のみで行われるのではない。世界中の人々との情報のやり取り（コミュニケーション）を通して子どもたちは学ぶ。

しかしインターネットについては，最近しばしばネット犯罪やトラブルがニュースとなり，そのほかにもインターネット中毒や社会的不適応といった個人や社会の精神面への悪影響，情報格差（デジタル・デバイド）の拡大という大きな社会問題，悪意がなくとも法的な問題にもなりうる著作権（知的所有権）の侵害などが指摘されてきている。そして，インターネットによる学校の現実世界への開放が，善悪を問わず現実世界のすべてに子どもたちを触れさせてしまう可能性があり，少なくない数の教職員や親たちがそれに不安を感じている。

なかでも，インターネット上の違法情報やいわゆる有害情報対策の必要性に関する世論が高まっている。旧郵政省の調査では，インターネットの情報について，青少年への有害情報対策が必要とした回答は約92％にものぼり[2]，また「子どもを有害サイトから守る会」[3]や「日本PTA全国協議会」[4]などが活発な運動を展開している。違法情報については，刑法や民法の各条項のほか，著作権法，児童買春，児童ポルノに係る行為等の処罰及び児童の保護等に関する法律などの各法律が適用され，法規制が行われると考えられている。わいせつ情報については，1999年に風俗営業等の規制及び業務の適正化等に関する法律が改正されて，インターネットがその対象メディアに加えられた。そして，いわゆる有害情報についても，「何が有害情報か」という定義があいまいであるにも関わらず，特に青少年に対する有害情報の対策に関する法制定の動きが続いている。2003年に，内閣府が発表した青少年育成施策大綱でも，「各種メディア等を通じた有害情報対策」や「インターネット上の違法・有害情報への対応」などが今後取り組まれ

---

[2] 郵政事業庁「平成11年度（1999年度）電気通信サービスモニターに対する第2回アンケート調査結果」, 2000 [http://www.yusei.go.jp/pressrelease/japanese/denki/000413j601.html]（アクセス 2002年10月1日）．
[3] ウェブ・サイトは http://proxy.sainokuni.ne.jp/（アクセス 2002年10月1日）．
[4] ウェブ・サイトは http://www.nippon-pta.or.jp/index.htm（アクセス 2002年10月1日）．

る施策とされた[5]。

このほか，法律ではないが組織の中での規則による規制，フィルタリング・ソフトといった情報制御の技術の開発・活用，情報活用能力育成の一環としての教育的指導などが，違法情報や有害情報対策として挙げられている（図3.1参照）。

このように違法情報や有害情報の対策が活発に議論されるなか，学校へのインターネット端末の導入にあたって，児童・生徒のインターネット上の情報利用・提供を制限しようという意見が出されることは少なくない。そこで，第1章で論じたように，インターネットは学校図書館に不可欠であると信じる司書教諭は，導入に不安を感じる教職員や保護者らと話し合い，その必要性についての認識と理解を深めてもらうよう働きかけなければならない。学校図書館の使命に照らし

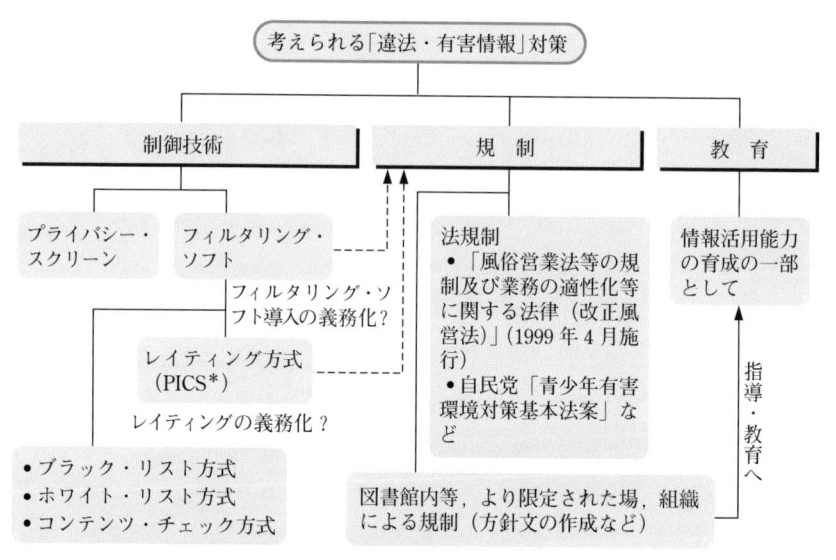

```
           考えられる「違法・有害情報」対策
        ┌──────────┼──────────┐
      制御技術          規 制            教 育
```

- プライバシー・スクリーン
- フィルタリング・ソフト
  - フィルタリング・ソフト導入の義務化？
- レイティング方式（PICS*）
  - レイティングの義務化？
- ブラック・リスト方式
- ホワイト・リスト方式
- コンテンツ・チェック方式

規制：
- 法規制
  - 「風俗営業法等の規制及び業務の適性化等に関する法律（改正風営法）」（1999年4月施行）
  - 自民党「青少年有害環境対策基本法案」など
- 図書館内等，より限定された場，組織による規制（方針文の作成など）

教育：
- 情報活用能力の育成の一部として
- 指導・教育へ

* PICSとは，Platform for Internet Content Selection のこと。その特徴は，インターネットにおける情報発信を制限することなく，受信者が設定するレベルに合わせて，選択的に情報を受信（フィルタリング）できるようにするところにある。

図3.1　違法・有害情報対策

[5] 「青少年育成施策大綱」[http://www8.cao.go.jp/youth/suisin/taikou/mokuji.html]（アクセス 2005年4月22日）．

て，インターネット導入の意義と必要性を説く。より現実的な対応としては，インターネット端末の提供・利用に関する方針を決め，利用のガイドラインを導入前に作成し，教職員，保護者，そして児童・生徒自身が合意した形でのインターネット活用を進めるよう取り組む。利用ガイドラインは常に児童・生徒に理解可能な形で提示し，情報活用能力育成の一部としてもその遵守を指導する必要がある。また，インターネット上の有害情報への技術的な対策としてフィルタリング・ソフトが普及しつつあるが，学校図書館におけるその活用については，特に慎重な対応が求められる。司書教諭は，フィルタリング・ソフトのしくみを知ると同時に，フィルタリング・ソフトの導入は真に教育的なのか，また「図書館の自由」の理念に照らしてもその活用は正当なのかを考え，その導入・非導入を決定しなければならない。本章では以下，有害情報対策としての利用ガイドラインとフィルタリング・ソフトの活用について考える。

3.2 利用・提供方針の決定から利用ガイドラインの作成と活用へ

学校でのインターネット利用について，利用・提供方針を決定し，それに基づいたガイドラインを作成することが必要であるという認識はすでに広がりつつあり，文部科学省の最新の調査でも，インターネットに接続している学校の約79%がガイドライン（「都道府県，市町村，学校等が，インターネットの利用や，個人情報の取り扱いに関して策定したものなどを示す」と定義されている）をもっていると回答した[6]。そのいくつかはすでに紹介されており，参考になる[7]。だがその中には教育委員会が教師に向けて作成したものも多く，学校での児童・生徒の利用に焦点をあてたものは必ずしも多くない。そして，日本の学校図書館

---

[6] 「学校における情報教育の実態等に関する調査結果」平成16年3月31日現在，文部科学省．[http://www.mext.go.jp/b_menu/houdou/16/07/04072101.htm]（アクセス2005年4月22日）．

における利用・提供方針の決定と利用ガイドラインの作成例は，ほとんど見付けられない。だが，公共図書館のガイドラインのモデルとしては，川崎良孝らによって米国ネブラスカ州のいくつかのガイドラインが翻訳されており[8]，著者自身も米国と日本の学校図書館のガイドラインをいくつか紹介したことがある[9]。これらも参考にはなろうが，日本の司書教諭にとって十分なほど具体的なガイドライン作成法は明らかにされてはいない。そこで，ここでは日本の司書教諭が実際にガイドラインを作成できるようになることを目指して，より具体的かつ網羅的に必要とされる知識を明らかにしよう。[10]

1　利用ガイドラインの作成プロセス

　特に，学校図書館に児童・生徒の情報探索行動を監督することのできる専任の専門職員が配置されている場合には，第1章で述べたような，情報へのアクセス保障という図書館としての使命をふまえ，学校のインターネットの利用ガイドラインとは別に，学校図書館独自の利用ガイドラインの作成を検討すべきである。

---

[7] 例えば，以下の本には，利用ガイドラインの例が挙げられており，参考になる。
・永野和夫監修，堀田龍也ほか著『図説 教師と学校のインターネットII——授業と校務に役立つ情報の収集・整理・活用』オデッセウス，1999，pp. 140-147。
・久保田正己ほか『インターネットでらくらく「調べ学習」』(教育技術MOOK 手とり足とりパソコン入門シリーズvol. 2) 小学館，2002，pp. 114-116。
・堀口秀嗣監修，小泉和義ほか編著『総合的な学習と情報教育』旬報社，1999，pp. 126-139。

[8] 川崎良孝「翻訳：インターネット利用方針」川崎良孝ほか著『インターネットと知的自由：ネブラスカ州全公立図書館調査』京都大学大学院教育学研究科図書館情報学研究室，2001，pp. 47-74。

[9] 中村百合子「日米の公共図書館，学校・学校図書館における子供の為のインターネット・フィルタリング導入の議論」根本彰編『情報基盤としての公共図書館の可能性』東京大学大学院教育学研究科図書館情報学研究室，2000，pp. 46-68。
　中村百合子「図書館のインターネット端末提供と有害情報対策」財団法人AVCCウェブ・サイト [http://www.avcc.or.jp/library/index.html]。

[10] 本書が刷を重ねる間に，ガイドライン作成にあたり非常に参考になる翻訳書が出版された。参照されたい。マーク・スミス著，根本彰監訳，戸田あきらほか訳『インターネット・ポリシー・ハンドブック——図書館で利用者に提供するとき考えるべきこと』日本図書館協会，2003。

これは，一から学校図書館のものを作成するという方法もあるが，学校のガイドラインに司書教諭が手を加える形で，学校図書館の果たすべき機能や役割をふまえた独自のガイドラインを作成するのでもよいだろう。ただしこの作業の大前提として，学校図書館が独自に，学校図書館の目的や使命を明文化していること，司書教諭の使命や職務を明文化していることが当然必要であることをここに付記しておく。

　ここでは，学校図書館が独自に利用ガイドラインを作成する場合のプロセスを，米国の一般例から学ぼう。ちなみに，日本での利用ガイドラインにあたる文書は，米国では，「AUP（Acceptable Use Policy：許容される利用の方針）」と呼ばれるが，以下は「利用ガイドライン」に統一する。利用ガイドラインの作成は，まずは利用ガイドライン作成委員会においてインターネット端末の提供と利

表3.1　利用ガイドライン作成のプロセス

	段階的取り組み	注意すべき事柄
1	インターネット利用ガイドライン作成委員会の設立	委員会は，校長，教頭，教員，職員，PTA，地域住民などで構成
2	対象者の明確化	対象とする児童・生徒の特定の学年などを確認
3	学校図書館の使命と現在の運営方針の再検討	学校図書館の目的，提供するサービス，コレクション形成などに関する考え方を再確認
4	インターネット端末提供の目的の確認	学校図書館においてインターネット端末を提供する目的を確認
5	インターネット端末提供の方法の決定	端末の設置場所，サービス提供時間，時間制限の有無などを決定
6	許容される利用の明確化	インターネット端末提供の目的に照らして決定
7	インターネット関連の問題の考慮	問題を回避するための規制の必要性，その方法の検討
8	許容されない利用の明確化	6)，7)の議論を参考に，許容の基準をできる限り明文化
9	草稿の作成	司書教諭が中心となって作成
10	最終草稿について職員会議やPTAとの議論，支持の確認	委員以外との最終調整
11	発表，宣伝	ガイドラインの決定を周知させる

表3.2 利用ガイドラインに盛り込まれうる事項

- インターネットとその教育的価値，学校図書館の目的や運営方針とインターネット導入の関連
- 教育委員会，学校，職員（校長，司書教諭，学校図書館職員，教員），両親の責任
- 児童・生徒の権利と責任
- 倫理とネチケットの重要性
- 許容される利用と許容されない利用の項目（明示，例示）
- 不適切な利用に対する対応（処罰方針の明文化）
- 教育委員会や学校の他の方針，または著作権や知る権利や学習権といった概念との関係

用について方針を決定することからはじまる。その上で，具体的にその方針を明文化するという，利用ガイドライン作成の本格的な作業に入る（表3.1参照）。

表3.1のステップを経て，次の表3.2に示すような事項の中から，各学校図書館の事情に合わせて選んだものを明文化し，利用ガイドラインを作成する。これまでに日本で作成され，公表されてきている学校の利用ガイドラインは教員向けのものが多く，それらには個人情報の管理法やウェブ・ページへの掲載情報の範囲といったことが主として規定されている。しかし，学校図書館の利用ガイドラインは，むしろ児童・生徒のインターネット端末の利用を中心にすえるべきだろう。

本節の最後に中学生向けに文章体で書いた利用ガイドライン例を付すので，参照されたい。ただし，利用ガイドラインの記述方法は文章体に限らず，箇条書きでも図示でも，特に主たる利用者である児童・生徒にとってもっともわかりやすい形を選択すればよい。

2 利用ガイドラインの活用

米国の場合，利用ガイドラインは児童・生徒にまず提示され，サインが求められる。そして，たいていは児童・生徒が成人でないために，利用ガイドラインは保護者にも示され，保護者はそれに目を通し納得した上で，ガイドラインにそった形でのインターネット利用を許可するサインをする。皆がサインすることは，学校と担当教師と保護者とそして児童・生徒のそれぞれの責任が明確になるとい

うことも意味する。このあたりの厳密さは訴訟国家米国ならではなのかもしれないが，利用ガイドラインが一種の契約書（約束書き）であるという考え方からは学べるものがある。つまり，この契約のプロセスで，保護者と児童・生徒にとっては，インターネット端末がどういった方針に基づいて提供されているのか，その方針にそった利用とはどのようなものかが明確になる。米国の学校や学校図書館ではたいてい，インターネットの利用は特別に与えられる権利であって，与えられて当然の権利というわけではないとされる。よって，その権利を保持し続けるためには義務や責任を果たさなければならず，ガイドラインに記された約束を破った場合には，懲戒的・法的処罰やアクセス権の剥奪のなされる可能性があることが，ガイドラインを通して関係者の間で確認されるのである。

　ただし，ガイドラインが読まれサインがされれば，それでガイドラインの内容がすべてよく理解されたものとは考えられないだろう。機会をとらえて，その理解をより確かなものとするために働きかけることが必要である。ガイドライン提示の際にある程度の理由説明をしておくことは非常に効果的であるし，情報活用能力育成の場面でガイドラインの遵守を促すことも大切であろう。さらに，参考文献のリストやインターネットのリンク集を作成し，児童・生徒が利用ガイドラインを自ら学習して理解する助けとなる手だてを用意しておくことも重要である。ネットワークの世界での倫理やネチケット，著作権などについてはある程度の長さの説明が必要で，利用ガイドラインにそのすべてを記せば冗長になってしまう。よってそれらに関しては，おすすめの資料やウェブ・ページを用意しておけば，児童・生徒が自主的に学習を深めることができる。

　利用ガイドラインは，「ネット・ライセンス」という考え方で発展させることもできよう。つまり，ガイドラインにそった内容の簡単なテストを用意し，児童・生徒の理解度を確認した上で，ライセンスを与える。そして，なんらかの違反行為をした場合にはライセンスが剥奪される，という形にする。児童・生徒にとっては，こうした「ライセンス」という概念を用いると，ガイドラインの規定がより身近だがより厳格なものになるだろう。

インターネット利用ガイドライン例（中学校）

　○○中学校図書館の端末は，インターネットへのアクセスを提供しており，教職員と生徒の皆さんは，本利用ガイドラインにそった形でのインターネットの活用ができます。

　インターネットには，世界中から多彩な情報が発信されており，中にはインターネットを通じてでなければ入手困難な貴重な情報もあります。インターネットはすでに一情報メディアとして重要な位置を占めており，教職員と生徒の皆さんの教育・学習活動の支援のため，あらゆる情報へのアクセス保障とあらゆるメディアと情報の提供を目指す○○中学校図書館では，インターネットがその使命の実現に必要不可欠と考え，導入しています。

　○○中学校のインターネット端末は，△△教育委員会のサーバを経由して提供されていますが，その管理には校長と司書教諭を中心とする○○中学校の教職員があたります。また○○中学校の教職員は，その監督と指導にも責任を負います。ただし，利用にまつわる最終的な責任は利用者自身にあり，教職員の監督と指導に従い，本利用ガイドラインにそった利用をしなければなりません。もしもガイドラインの規定に反する利用が明らかになった場合には，○○中学校図書館でのインターネット端末の利用が，一定期間または永久に許可されなくなる場合もあります。

　○○中学校図書館のインターネット端末は，授業の学習活動に関連のある情報探索のために提供されており，そのための利用が優先されますが，授業の学習活動とは直接的に関連のない情報探索も可能です。ただし，違法行為や違法な情報へのアクセス，18歳未満のアクセスが禁止されている情報へのアクセスは許されません。また，一般に，青少年に有害と考えられている情報，例えば過度の暴力，過度に偏向した言論，露出的な映像などへのアクセスも許されません。もしもそうした行動が明らかになった場合には，○○中学校図書館のインターネット端末利用が一定期間または永久に許可されなくなります。

　インターネット上にはさまざまな情報が行き交い，コミュニケーションが実現します。よって，電子メールやメーリング・リストや掲示板の利用，それらを用いた情報の受発信も可能です。しかしその際には，一般社会と同じように，インターネットの世界でも社会的な約束（ネチケット）を守らなければなりません。情報を活用する際には特に，情報発信者の著作権に注意が必要です。著作権については細かい法規定がありますが，それらを学んで守ることが求められます。また，自らが情報発信者となる場合には，誹謗・中傷など許されない言論があることを思い出しましょう。自らについての情報発信にも，悪用される危険性を考えて，細心の注意を払うことが必要です。

　インターネットと正しく付き合うためには，十分にインターネットの性質について知る必要があります。○○中学校図書館では，参考図書やウェブ・サイトのリンク集を用意していますので，カウンターでお尋ねください。

　なお，生徒によるインターネット端末の利用は，休み時間のみです。授業時間中に，担当教諭の許可なく利用することは許されません。待っている人がいる場合には，授業の学習に関連する利用が優先され，また1人15分に利用が制限されます。端末の予約は1週間前からカウンターで受け付けますが，予約は1回15分です。1週間に2回まで予約による利用が可能です。わからないことがあれば，カウンターでお尋ねください。

3.3 有害情報対策としてのフィルタリング・ソフトの活用

　組織における有害情報の制限法としては，フィルタリング・ソフトという技術がしばしば採用されている。ここでは以下，フィルタリング・ソフトのしくみと学校図書館におけるその活用の是非を議論しよう。

1 フィルタリングの技術とその問題点

　インターネット用のフィルタリング・ソフトは，インターネット上の有害情報へのアクセスを機械的に制御するものである。すでに学校を含むさまざまな組織で導入が進んでいる感もある[11]。しかしそのしくみを理解した上で，導入の是非を考えることが重要である。フィルタリング・ソフトのしくみはそれほど単純なものではなく，また常にフィルタリング・ソフトの利用者が望むとおりに機能するものでもないのである。フィルタリングの技術には，おおまかに表3.3に示すようなものがある[12]。

　しかしどの方式によるソフトでも，しばしば利用者が排除を希望するたぐいのウェブ・ページへのアクセスを許してしまったり，利用者がアクセスを望んでおり，本来アクセスが許されるべきたぐいのウェブ・ページへのアクセスを否定し

---

[11] 例えば社団法人日本教育工学振興会のJAPET教育用ソフトウェア検索システムにも，5つほどのフィルタリング・ソフトの登録がある［http://hp.media-republic.co.jp/japet/］（アクセス2002年10月1日）。

[12] 各種フィルタリング・ソフトの開発状況については，例えば以下のような論文に簡潔に報告されている。
・井ノ上直己，橋本和夫「フィルタリングソフトの現状」『情報処理』Vol. 40, No. 10, 1999, pp. 1007-1010.
・新100校プロジェクト高度化技術ワーキンググループ「教育用のレイティングシステムに関する企画」［http://www.edu.ipa.go.jp/E-square/h10seika/html-III/III-Index.htm］（アクセス2002年10月1日）。
また，各フィルタリング・ソフトの製品情報などはウェブ上にも多数公開されている。

表3.3 フィルタリング・ソフトの技術

種類		しくみ
URLチェック方式	ブラック・リスト方式	違法・有害な排除したいウェブ・ページのURLをリストアップしておき、それらへのアクセスを制御する
	ホワイト・リスト方式	有益・有効なウェブ・ページのURLをリストアップしてそれらのみへのアクセスを提供する（従来の「選書」にもっとも近い行為と考えられる）
コンテンツ・チェック方式		ウェブ・ページに記述されている単語や語句を検出し、あらかじめ登録していた不適切な単語・語句が含まれていることを確認すると、アクセスを制御する
レイティング/フィルタリング方式		ウェブ・ページを定められた基準にそってレイティング（格付け）し、レイティング結果を参照してアクセスを制御する*。PICSなど。

* 日本では、インターネット協会（旧電子ネットワーク協議会）が、レイティング/フィルタリングのシステムを開発しており有名である。同協会のサイト（http://www.iajapan.org/rating/index.html（アクセス2002年10月1日））などを参照のこと。

たりしてしまったりする。URLチェック方式のブラック・リスト方式やホワイト・リスト方式には、ウェブ・ページはURLの変更、消滅、新規登録が頻繁でリストの訂正が追いつかないという問題があり、コンテンツ・チェック方式には、単語・語句の認識が不正確でしばしば誤った制限がなされてしまうといった問題がある。また、PICSに代表されるレイティング/フィルタリング方式では、まずは各ウェブ・ページが正確にレイティングされラベリングされる必要がある。受信者側での選択的な受信（フィルタリングのレベル設定）が可能であるといわれるレイティング/フィルタリング方式だが、レイティングの基準そのものに偏向がないとは限らないという根本的な問題が残っている。現在のフィルタリング・ソフトは、以上のような各方式の欠点を補うように、複数のフィルタリング方式を統合したものが中心である。それでも完全に利用者の意図のとおりに動くというにはまだ程遠いフィルタリング・ソフトばかりだといわれる。なお、さまざまなソフトの性能を比較した研究はすでにいくらかあるので、導入前に参照することをお勧めしたい[13]）。

また、各方式のフィルタリングには、フィルタリングをサーバにおいてかけるものと、各端末においてかけるものがある。教育委員会がサーバを管理し、地域

の学校はそれを経由してインターネットに接続するという例は増えてきているようだ。サーバにかけるフィルタリング・システムを教育委員会が導入すれば，そのサーバを経由しているその地域の学校の端末すべてにフィルタリングがかけられることになる。その場合，学校図書館の端末も例外とはなり得ず，現場の司書教諭の判断とはまったく関係なく，学校図書館のパソコンにもフィルタリングがかけられてしまう。しかし，各学校の責任者は校長であり学校図書館の責任者は司書教諭であって，フィルタリング導入の決定を含む自主的なインターネット端末の管理・運営を主張する余地はおおいにあるだろう。これを実現するためにも，司書教諭の任務について，校長や教育委員会と社会一般の認識を高めたい。

2 フィルタリング・ソフトの是非

　政府は青少年の保護のためのインターネット上の有害情報対策というと，フィルタリング技術の開発促進を声高に唱える。例えば，1998年に旧文部省の教育分野におけるインターネットの活用促進に関する懇談会が発表した報告書[14]でも，子どもたちが自由にインターネットを使える安全な環境の整備のためのフィルタリング・ソフト開発が大きく取り上げられている。しかし，司書教諭としてはそれを無批判に受け入れるわけにはいかない。司書教諭がフィルタリング・ソフトの導入を決めるまでに自ら問い直すべきは，図3.2に示すような質問である。

---

[13] 例えば以下の論考。
- 遠藤真『インターネット上における有害情報の判定手法とフィルタリング』1999（慶應義塾大学文学部図書館・情報学科平成11年度卒業論文）[http://www.slis.keio.ac.jp/~ueda/sotsuron99/endo99.html]（アクセス2002年10月1日）．
- 中瀬雄介『インターネット上の有害情報に対する規制の有効性』1998（慶應義塾大学文学部図書館・情報学科平成10年度卒業論文）[http://www.slis.keio.ac.jp/~ueda/sotsuron98/nakase98.html]（アクセス2002年10月1日）．
- 永野和夫監修，堀田龍也ほか著，前掲，pp. 130-139．

[14] 教育分野におけるインターネットの活用促進に関する懇談会「子供たちが自由にインターネットを活用できる環境づくりを目指して」文部省，1998 [http://www.soumu.go.jp/joho_tsusin/whatsnew/edu_inet.html]（アクセス2002年10月1日）．

学校図書館も「図書館」であり，図書館の自由に関する宣言[15]にうたわれているような表現の自由（知る自由）を守り，あらゆる情報への平等なアクセスの実現に努力する図書館の使命を担う。インターネットは世界中で発信され続ける最新の情報の入手を可能にする貴重な情報源であるだけでなく，学校を現実世界に開く窓でもある。インターネットが児童・生徒の現実世界への接触をもたらすことを危険視しているばかりでは，インターネット導入の価値が半減してしまう。もちろん学校の教育の方針や学校図書館の目的や運営方針に沿わない情報要求は否定されうるし，そのためにフィルタリング・ソフトなどの技術的な支援を受けることが許される可能性もあるだろう。しかしフィルタリング・ソフトには前述のとおりいまだ技術的な限界があり，児童・生徒の知る権利や学習権が不本意にも侵害される危険性があることは，導入を決定する際に十分検討されなければならない。

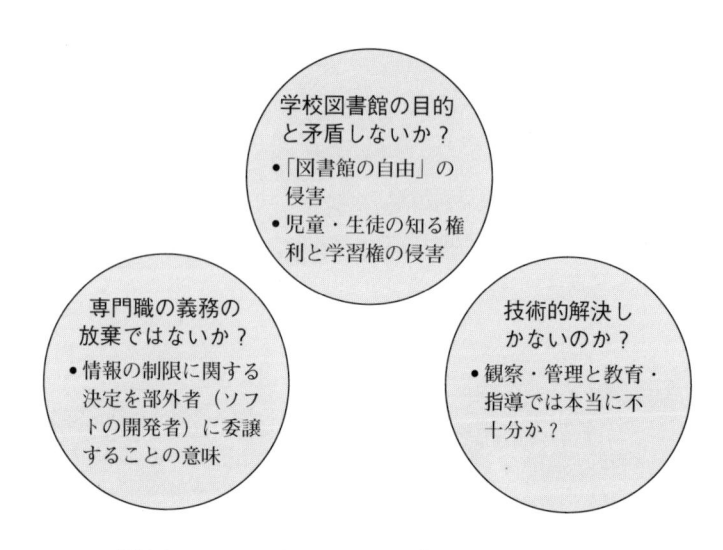

図3.2　フィルタリング・ソフト導入の是非を自ら問う

学校図書館の目的と矛盾しないか？
- 「図書館の自由」の侵害
- 児童・生徒の知る権利と学習権の侵害

専門職の義務の放棄ではないか？
- 情報の制限に関する決定を部外者（ソフトの開発者）に委譲することの意味

技術的解決しかないのか？
- 観察・管理と教育・指導では本当に不十分か？

---

[15]　日本図書館協会「図書館の自由に関する宣言」[http://www.jla.or.jp/ziyuu.htm]（アクセス 2002 年 10 月 1 日）．

さらに，おそらく技術発展の不充分さという以前に重要なことは，フィルタリング・ソフトの利用に限らずあらゆる有害情報の制限行為にあてはまる問題として，何が児童・生徒に不適切なのか，何がどの程度だと児童・生徒に有害なのかについては，社会的にもそしておそらく校内にもさまざまな意見があるということだ。一般的には，児童・生徒による暴力，アダルト，薬物などの情報の閲覧が有害または不適切と言われるが，例えばどういった暴力情報，どの程度の暴力情報が有害なのかについて，判断は人それぞれであろう。つまり，フィルタリング・ソフトに組み込まれるアクセス制御の判断基準は，そう簡単には決められないということである。しかも現在のフィルタリング・ソフトのしくみでは，基本的にフィルタリング・ソフトの基準作成者の判断が情報を制御することになっている。利用者の側である程度基準を操作できるソフトはあるが，それも一部の調整や変更が可能というにすぎない。情報へのアクセスの是非の判断を外部のソフト作成者に委託することは，学校図書館における資料・情報へのアクセス保障と提供に責任をもつはずの司書教諭としての義務の放棄にはならないか，司書教諭ならみな一度は考えてみるべきである。

　そうした技術的な限界と導入の危険性，司書教諭の義務との関連を理解した上であれば，フィルタリング導入の検討も可能となろう。ただしその場合は，学校図書館の責任者である司書教諭が自ら，校長や他の教職員らとの相談の上で，十分に明確な目的意識をもって導入・非導入を検討し最終決定を下すべきである。そして導入を選択した場合には，フィルタリング・ソフトの選択も自らの手で行うこと，そのソフトの長所，短所，さまざまな特徴を十分に理解し，なるべく弊害の少ない形で活用することが大切である。フィルタリング・ソフトの選択は特に慎重に行わなければならない。例えば，中原道高はフィルタリングの校種別の適用の一例を示している[16]。それは，小学校には登録されたウェブ・ページだけへのアクセスを許すホワイト・リスト方式を，中学校には有害と考えられるウェ

---

[16] 中原道高「インターネットの利用とフィルタリング」『学校図書館』（特集　インターネットの利用と留意点），第612号，2001，pp. 25-27.

ブ・ページの閲覧を制限するブラック・リスト方式を，そして高校には生徒の状況に応じた制限が設定可能な高階層のレイティング方式のフィルタリング・ソフトを導入する，という，つまり小学校から中学校，高校と進むにつれてフィルタリングによる情報の制限の度合いを減らしていくという考え方である。もちろん各学校の状況に合わせて判断が行われるべきではあるが，一般的にはこうした考え方もありえよう。

　なお，有害情報への対処法は，「体系的な情報教育の実施に向けて」[17]に示された情報活用能力の3つの焦点のうち，「情報社会に参画する態度」の育成，つまり「社会生活の中で情報や情報技術が果たしている役割や及ぼしている影響を理解し，情報モラルの必要性や情報に対する責任について考え，望ましい情報社会の創造に参画しようとする態度」に含まれるものと考えられる。よってフィルタリング・ソフトを安易に導入し，インターネット上の情報を制限して提供するべきではなく，なんら制限の加わっていない自然の状態で，児童・生徒が自ら情報を評価し判断し活用する能力を身につけていくことができるように支援し，指導していくことがもっとも教育的であり望ましい対応であると考えられる。そのために，前に述べたような利用ガイドラインの作成とその教育的活用は重要である。さらに，ホワイト・リスト方式の考え方をかりて，司書教諭がウェブ・ページを情報の専門家の目から評価した上でリストを作成してリンク集として提供すれば，児童・生徒に活用されるだろう。これは，良いウェブ・ページとはどういうものなのかを，例をもって示し教えることになろう。ウェブ・ページの評価とリンク集の作成については，第6章を参照されたい。また，フィルタリング・ソフトを導入した場合には，児童・生徒に対しても，フィルタリング・ソフトが導入されていること，そのしくみと作用と弊害と利用者の側での対策などについて説明することは司書教諭の絶対的な責任（accountability：説明責任）である。

---

[17] 情報化の進展に対応した初等中等教育における情報教育の推進等に関する調査研究協力者会議第1次報告，前掲．

第 4 章 インターネットの検索技術

4.1 インターネットによる情報検索と司書教諭

　これまでの情報検索は，2次資料（索引，書誌，目録など）を電子化したデータベースを用いて，印刷メディアを中心とした1次資料（図書，雑誌記事，新聞記事など）についての情報を見つけ出すという形が多かった。そこで司書ら情報の専門職は，複雑な検索技術を駆使して2次資料のデータベースを活用し，図書館のコレクションなどを用いて利用者の情報要求に応えていた。そして司書教諭は，レファレンスに応えるべく情報要求に合った資料・情報を検索して提供するだけでなく，児童・生徒の自主的な情報検索を支援することや，図書館教育や利用指導を通して図書館での情報検索について指導することにも取り組んできた。

　ところが，インターネット，特にウェブは，情報検索にも革命的な変化をもたらした。情報検索は専門職によって複雑な検索技術を駆使して行われるというイメージや，多くの場合専門家の仲介が不可欠であるというイメージは薄まりつつある。インターネットには誰でもアクセスでき，そこには図書館のコレクションのデータベースやインターネット上の資料を探すための検索エンジンなどの情報検索ツールが用意されている。よって，誰もが図書館でも自宅からでも，インターネットを使って図書館のコレクションを検索したり，インターネット上の2次資料や1次資料を検索してお目当ての情報を入手することができる。今や政府情

報や電子ジャーナルの文献といった1次情報もインターネット上で入手可能なのである。こうした便利な情報検索・入手ツールであるインターネットが身近になった今,司書教諭はそれをレファレンス・ツールとして用いることに加えて,児童・生徒が情報活用において自立できるようインターネットの情報検索法について指導を行うことも求められている。

図4.1に示すように,情報検索には,検索を行うための準備として検索戦略を練る過程と,いわゆる検索技術を駆使して検索を実行する過程があり,検索者はそれらを行きつ戻りつしながら徐々に検索目標に近づいていく。これは,インターネットによる情報検索でも同じである。

以下本章では,便宜的に各過程を分けて取り上げ,インターネットの検索においてそれぞれの過程に適用すべき思考法と留意点を示す。インターネット上の情

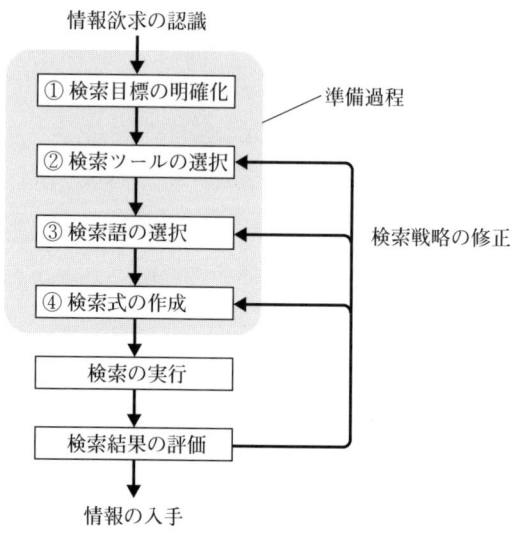

図4.1 情報検索の主な流れ

[1) より詳しくは,次の文献を参照。
・中村百合子,芳鐘冬樹「インターネット時代の学校図書館員の情報検索」『情報の科学と技術』52巻12号,2002,pp.622-633.

報検索システムは日々変化するが、そうした変化に左右されない、きわめて本質的な思考法をまず身につける必要があると考えるからである[1]。さらに、司書教諭がいかにそれらを児童・生徒に伝授するかについて、その指導法を論じる。そして、最後に、より現実的に、いかにインターネット検索を行うかについて、実際の検索エンジンの使い方を例に取り上げて、画面を示しながら簡単に説明しよう。

4.2　検索の準備過程

　検索の準備としてはまず、パソコンに向かう前に、検索目標とする情報の種類に応じて、どこで、どのようにして情報を獲得できるかを机上で考え、検索戦略をたてる必要がある。ただし、これは検索を開始するまでの準備段階に限定されるわけではなく、実際に検索を開始してからも、検索戦略をたてる思考に立ちかえって検索を修正する必要が生じる場合もある。
　インターネットの検索を行う準備の段階において重要になるのは、検索のプロセスにそった次の4点である。
　① 検索目標（内容や形式など）の明確化
　② 検索ツール（検索エンジン）の選択
　③ 検索語の選択
　④ 検索式の作成
ここでは以下、4点のそれぞれについてもう少し詳しくみてみよう。

1　検索目標の明確化

　検索の際にあらかじめ検索目標を明確にしておかなければ、効果的な検索は望めない。まず自分が何を知りたいのか、どのような情報を得たいのかを明確にする必要がある。何を知りたいのか、何について書きたいのかに関しては、しばしばそのトピックの焦点化の程度と方法が問題となる。例えば「少子化」について調べて報告書を書きたいと思いついたとき、世界を視野に入れた少子化問題一般

とするか，少子化の社会的影響とその是非とするか，現代日本の少子化問題とするかなど，トピックの限定と焦点のあて方はさまざまである。

　また，どのような情報を得たいかに関しては，自分が求めているのはどのような種類・形式の情報なのか，いつの情報なのか，どこから提供されている情報なのか，といったことを考える必要がある。例えば「日本社会の少子化」についての情報を検索する際，政府の出生率の統計が必要なのか，マスコミが取り上げる社会分析が必要なのか，研究者による最新の学術研究の成果か，雑誌記事などか，求める情報の種類や形式が異なることにより，同じトピックに対しても検索の仕方が変わってくる。

2　検索ツールの選択

　検索目標を明確にしたら，次は検索目標に合ったメディアや検索ツールの選択である。もちろんインターネット以外のメディアを選択すべき場合もある。例えば，いまだ電子化が進んでいないような情報をインターネット上で探してもむだであろう。それらはやはり冊子体の出版物（図書や雑誌）に見つかることが多い。

　インターネット上の検索ツールとしてはまず，図書館のコレクションの検索データベース，雑誌記事や新聞記事のデータベースなど，従来から存在したデータベースがインターネットに公開されたものがある。図書館のコレクションの検索データベースは基本的に，図書館に所蔵されている資料へのアクセスのためのツールであるが，雑誌記事や新聞記事のデータベースの中には，目次情報などの検索のほかに，電子化された記事の全文検索を可能にし，記事自体を提供するものもある。これらもそれぞれしくみが異なっており，有料のものも多く，また検索方法の規定もさまざまである。詳しくは各検索データベースの解説書やヘルプなどを参照されたい。

　そして，インターネット上の情報の検索を目的に開発された，表4.1に示すような各種の検索エンジンも普及してきている。

　検索エンジンは従来からあるデータベースとはさまざまな点で異なる。システム的には，検索エンジンは，ディレクトリ型，全文検索型（ロボット型）に大きく

表4.1 検索エンジンの種類

検索エンジンの種類		しくみや特徴	代表的な検索エンジン(ポータルサイト)
ディレクトリ型検索エンジン		人がひとつひとつ内容を評価・判断してウェブ・ページを登録し、ディレクトリと呼ばれる階層に従って分類している（ある意味、図書館の分類・目録の考え方に類似）。基本的にはリンクをたどって目的のページにたどりつくしくみ。たどりついたページからさらにリンクをたどりたどってネットサーフィンで情報収集を続けることも可能。	All About Japan What's Best! Yahoo! JAPAN JOY
全文検索型（ロボット型）検索エンジン		ウェブロボット（プログラム）が巡回してインターネット上の情報を入手し、データの索引付けを行っており、検索にあたっては全文検索が行われる。ウェブロボットとインデクサを使って作られた単語インデックス（単語とその単語が現れるURLの対応表）をもとに検索サーバが検索を行い、検索結果のURLを利用者に返す[*1]。単語単位で索引付けが行われている[*2]ため、検索語の選択の際には、基本的に単語を単位とすべきことに注意。 利用者が指定できる検索方法の選択肢は、多様で特徴的。例えば、フレーズ検索[*3]のできるもの、画像などさまざまな情報の形式を指定した検索が可能なもの、検索の修正や絞りこみの際の参考になるよう、入力した検索語に類似する概念も検索結果とともに表示される機能をもつものなどがある。付言すれば、近年では、自然言語文による検索[*4]の機能の開発も進んでいる。	Excite JAPAN goo Google infoseek Japan fresh EYE
その他	メタサーチ型検索エンジン	一画面で複数の検索エンジンを利用できるようにしたもの。複数の検索エンジンを使って、横断的に検索できるものもある。	検索デスク Metcha Search
	分野特化型	個人による作成などで、専門分野に特化したもの。また、分野を限定した極めて網羅的なリンク集（ディレクトリ型検索エンジンに類似）も数多い。ただし、学術研究者向けといった趣のものが多い。	検索省（学校ウェブ・ページ検索） 地方公共団体ホームページ・キーワード検索（財団法人地方活性化センターによる）

表4.1　検索エンジンの種類（つづき）

検索エンジンの種類		しくみや特徴	代表的な検索エンジン（ポータルサイト）
その他	対象特化型	子ども向け検索エンジンが代表例。	Yahoo!きっず BIGLOBEキッズプラザ キッズgoo 学研キッズネット

*1　例えば，gooのしくみは次の文献で詳しく解説されている。浅川秀治，田中一男「高速エンジンgooの隠れた仕掛け」『日経サイエンス』4, 1999, pp. 36-44.

*2　主要な全文検索型検索エンジンのほとんどは，単語単位で索引付けを行っているが，「nグラム方式」で索引を生成する手法もある。nグラム方式とは，1文字ずつずらしながら，連続するn文字をテキストから取り出し，取り出した文字列すべてを，それぞれの位置情報（そのテキストの何文字めに現れるか）とともにインデックスに記憶しておくというものである。例えば，$n=2$，すなわち2グラムの場合，「司書教諭の専門性」という語句からは「司書」「書教」「教諭」「諭の」「の専」「専門」「門性」が取り出され，それらが索引語としてインデックスに登録される。ここで，利用者が「専門性」で検索すれば，「専門」と「門性」の両方を含み，かつそれらの出現位置が1だけずれている（すなわち，「専」「門」「性」が隣接して出現する）テキスト（ウェブ・ページ）が検索されるというしくみである。nグラム方式は，単語という区切りを意識することなく検索できるという利点をもつが，非常に大きなインデックス（グラムテーブル）をもたなければならないという問題点もあり，実際にnグラム方式を採用している検索エンジンは多くない。全文検索については，次の文献でわかりやすく解説されている。野末俊比古，辻慶太「全文検索——日本語データベースの新しいスタンダード」，三浦逸雄監修，根本彰ほか編『図書館情報学の地平——50のキーワード』日本図書館協会，2005, pp. 88-94.

*3　「日本社会の少子化」と入れた場合，その語順のとおりに検索する。しかし，入力されたフレーズを単語単位に分割してAND検索を行うことを，フレーズ検索と呼んでいる検索エンジンもあるので注意が必要である。

*4　「日本社会の少子化に関する統計はありませんか？」といった質問形式などでの検索。

分けられる。しかし，それらの間の違いはあいまいになりつつあると言われる。というのも，例えばYahoo! JAPANはディレクトリ型検索エンジンを主体としながら，フリーワードによる全文検索を行うこともできる。Yahoo! JAPANのディレクトリ内で該当ウェブ・ページが0件だと，自動的に全文検索型検索エンジンであるGoogleの全文検索が行われて結果が表示されるというしくみになっている。他方で，全文検索型の検索エンジンを主体とするポータルサイト[2]の多くも分野（カテゴリ）別のリンク集を充実させており，それらからリンクをたど

---

[2] ポータルサイトとは，利用者がインターネットに接続する際，最初に訪れるであろう「入り口」となるサイトであり，検索エンジンなどのサービスが提供されている。

って目標とするウェブ・ページを効果的に見つけ出すことも可能になってきている。今後は複合型のポータルサイトが増加する方向にあるだろう。

　ディレクトリ型，全文検索型のほかに，メタサーチ型，専門分野に特化したもの，子ども向けのものなどがある。そこで，インターネットを検索すると決めたら，まずはたくさんある検索エンジンの中からいくつかを選ぶ作業が必要である。それぞれの検索エンジンの特徴を理解し，また自らも評価を行った上で（第5章を参照），適切な検索エンジンを選ばなければならない。同時に，インターネットの検索では複数の検索エンジンを使いこなすことが求められる。なぜなら，ひとつの検索エンジンが網羅するウェブ・ページは実際に存在するウェブ・ページの20％以下と言われ[3]，ひとつの検索エンジンで存在するウェブ・ページのすべてを検索することは不可能であり，また後述のように各検索エンジンのしくみや特徴は異なり，インターネットの検索では複数の検索エンジンに同じ検索語を入れてもまったく同じ結果が出ることはないからである。つまり，ある検索エンジンで見つからなかったものが，別のエンジンでは見つかることがある。ただし，複数の検索エンジンを使う場合には，検索エンジンによって検索方法の規定などが異なるため，ヘルプを参照するなどして，それぞれ学習しなければならない。また効果的な検索のためには，次に述べるような各種検索エンジンの特徴やしくみなどを知る必要がある。

3　検索語の選択

　検索目標を明確化し検索ツールを選択したら，まずその選んだ検索ツールにおいて検索目標がいかに分類されているかを追求する。その際，
　① 検索対象がどの主題分野に属しているか
　② 検索対象が特定の主題分野ではどのように表現されるか
を考えることにより，分類されている場所を探し出すことができよう。これは特にディレクトリ型検索エンジンの検索において不可欠な作業である。「日本社会

---

[3] Lawrence, Steve and Giles, C. Lee. "Accessibility of Information on the web", *Nature*. No. 400, 1999, pp. 107-109.

の少子化」の例では，政府の統計が必要な場合であれば，Yahoo! JAPAN の分類項目の「各種資料と情報源」から「統計」を選び，総務省統計局統計センターのサイト（日本統計年鑑）[4]にたどりつき，人口統計を利用する。マスコミの記事が必要であれば，同じく Yahoo! JAPAN の「メディアとニュース」の「新聞」から各新聞社のサイトを選び，サイト内を検索することができる。ただし，インターネット上の情報の分類法の標準化はいまだほとんど行われていないため，利用する検索エンジンごとに分類法を理解しなければならないことに注意が必要である。

　検索目標のトピックによっては，分類先の断定が困難で，ディレクトリ型検索エンジンを用いるよりも全文検索型検索エンジンでのフリーワード検索を選ぶべきと考えられる場合も数多くある。しかし，検索目標が分類されていそうな場所を想定することは，次に論じるフリーワード検索のための検索語の選択にあたっても有効であろう。司書教諭にとってなじみの深い「分類」の概念は，膨大な情報量を保持するインターネットに向かう際の最大の武器となる。ディレクトリ型検索エンジンの場合には，分類項目の一覧をブラウジングしながら検索目標の分類先を選ぶことができる（これは，伝統的な検索システムにおける「統制語による検索」に近い）が，フリーワード検索（非統制語による検索）の場合は，検索目標を表す概念を利用者自身が言語化しなければならない。しかし，その困難な作業において，既存の分類の概念からヒントを得ることができるかもしれない。

　図 4.2 に示すように，検索エンジンのフリーワード検索では，利用者が入力した検索語と，あらかじめページから切り出された索引語（インデックス）との照合を行い，一致するページが検索結果として出力される。

　この検索プロセスは，よく図書の索引の利用にたとえられる。巻末の索引を参照することで，探している言葉が本文のどこに出ているかを調べることができる。フリーワード検索も，本質的には，これと同じプロセスといってよい。ここで重要なのは，検索エンジン（ウェブロボット）に索引語として切り出された言

---

[4] http://www.stat.go.jp/data/nenkan/ （アクセス 2002 年 10 月 1 日）

葉でのみ検索が可能ということである。そのページの内容を表している言葉であっても、その言葉が索引語になっていなければ、それで検索することはできない。したがって、検索目標を表す概念にいくつもの表現がある場合、次の点に留意して検索を行う必要がある。

① まず、検索目標を表すもっとも一般的な言葉を検索語として用いる
② さらに、その同義語や上位語・下位語も、必要に応じて検索語として用いる

このとき、どんな言葉が一般的かを調べたり、同義語、上位語、下位語を探したりするなら、シソーラス、用語集、辞書、分類表などを活用するとよい。

概して、検索エンジンによるインターネットの検索においては、なるべく多くの検索語を組み合わせる方が良い結果が得られる。というのも、インターネット上にはあまりにも膨大な数のウェブ・ページがあり、ひとつしか検索語を入れずに検索をかけると、何万ものウェブ・ページが該当ページとしてあがってしまうことがしばしばあるからである。よって、複数の検索語を用いてAND検索（後述）の機能を使ったり、フレーズ検索の機能を使ったりすることによって、検索

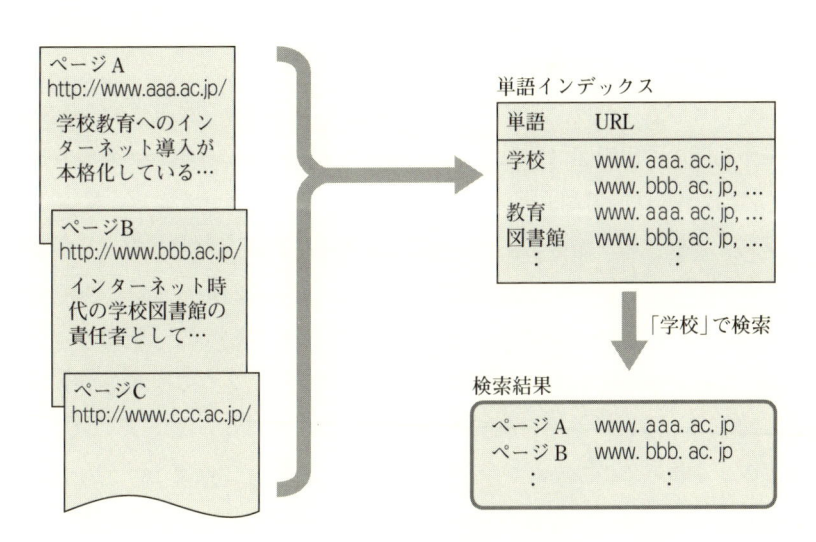

図4.2　フリーワード検索のしくみ

結果を絞りこんでいく必要がある。また,「検索目標を表すもっとも一般的な語を検索語として用いる」ことは検索の基本であるとはいえ,検索語があまりにも一般的であると,やはり何万ものウェブ・ページが検索結果としてあがってしまう点にも注意が必要である。そこで,一般的な語だけではなく,ある程度特徴的な同義語,あるいは検索目標をより特定する下位語を選んで検索してみると,それがより良い検索結果に結びつくこともある。インターネットは従来のどんなデータベースとも比べものにならないほど規模が大きいということを,検索語の選択にあたって心にとめておかなければならない。

4 検索式の作成

インターネット上の検索エンジンを含むデータベース検索で使われる検索式は,19世紀イギリスの数学者ブール(George Boole)の名をとったブーリアン(Boolean)検索式が基本である。ブーリアンには,AND 検索による絞りこみ,OR 検索による拡張,NOT 検索による除外の3種がある。AND, OR に関しては,多くのデータベースや検索エンジンにおいて検索語の間にオペレータを入れるだけで,検索の実行時に自動的に反映される(AND については,オペレータを入れなくてもよいものも多い)。

正確に言えば,ブーリアン演算子は,検索語の概念間の関係そのものではなく,検索語間の共出現関係を規定しているにすぎない点に注意が必要である。例えば,「学校 AND 図書館」という検索式によって保証されるのは,検索されたページに「学校」と「図書館」という2つの検索語の両方が現れることだけであり,2つの検索語がどのような関係性の下に現れるかはわからない。語順も問わないから,「学校(に付設された)図書館」の可能性もあれば,「図書館(について学ぶ)学校」の可能性もあるだろう(さらに言えば,2つの検索語が別の文や段落に現れており,それらに何のつながりもないこともある)。そこで,AND 検索で絞りこむのではなく,フレーズ(「学校図書館」)で検索を行う方がよい場合もある。

4.3 検索の実行：検索結果の評価と検索戦略の修正

　前節で見てきた検索の準備過程を経て，検索の実行にうつる。選択した検索ツールに作成した検索式を入力して検索結果を得る。しかし，これをたった一度行うだけで満足な検索結果を得られることはまずない。そこで，検索結果を評価し，検索戦略を修正する必要性を探る。

　まず検索結果の評価，つまり検索結果がどの程度よかったか，検索要求をどの程度満たしているかを判断する必要がある。それは次の2つの観点から評価できる。ひとつは，本来検索されるべき適合情報のうちのどれだけが，実際に検索された情報に含まれているか，という観点である。「検索漏れの少なさ」と言い換えることができる。もうひとつは，検索された情報のうちのどれだけが，検索要求にマッチする適合情報であるか，という観点である。こちらは，「検索ノイズの少なさ」と言い換えることができる。前者を測る尺度として再現率（recall ratio），後者を測る尺度として精度（precision ratio）がある。検索されなかった適合情報（検索漏れ）の数をA，検索された適合情報の数をB，検索された不適合情報（検索ノイズ）の数をCとすると，2つの尺度は次の式で表される。

　　　再現率＝B/(A＋B)×100〔％〕
　　　精度＝B/(B＋C)×100〔％〕

すなわち，再現率とは，全適合情報中に占める検索された情報の割合，精度とは，検索された全情報中に占める適合情報の割合である。

　一般に，検索漏れと検索ノイズはトレードオフの関係にあり，単純に一方を減らそうとすれば必然的にもう一方が増えてしまう（例えば，検索条件をゆるやかにして検索漏れを減らそうとすると，無用な情報＝検索ノイズが多く混ざるようになってしまう）。一度検索を行って，結果が望ましくない（検索漏れあるいは検索ノイズが非常に多い）と判断される場合は，検索戦略を修正したうえで再度検索を行うべきである。基本的には，検索漏れを減らすためには検索条件をゆる

```
┌─────────────────────────┐              ┌─────────────────────┐
│ ヒット件数が不十分で検索漏れが多い │              │ 検索ノイズが多いとき │
│ と予想されるとき          │              │                     │
└─────────────┬───────────┘              └──────────┬──────────┘
              ▼                                     ▼
```

・検索語を上位語に置き換えて検索　　　　　・検索語を下位語に置き換えて検索
・検索語に同義語を加えて OR 検索　　　　　・検索要求を特定する検索語を加え
・重要でない検索語を削る　　　　　　　　　　てAND検索

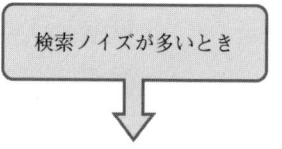

図 4.3　検索の修正の選択肢

やかにする方向で，検索ノイズを減らすためには検索条件を厳しくする方向で修正を加えればよい。例えば，フリーワード検索では，図4.3のような修正が考えられる。

　一方，ディレクトリ型検索エンジンの場合，分類項目の選択を間違えなければ，検索ノイズが多くなることはない。むしろ検索漏れが問題になる。最初に選んだ分類項目に十分な情報がないときは，関連する他の分類項目を探したり（同じ主題の情報が，観点の違いから複数の分類項目に分かれていることがしばしばある），あるいは，全文検索型検索エンジンのフリーワード検索で補うといった戦略も有効だろう。

　現実の情報検索では，一度の検索で満足のいく結果が得られるとは限らない。検索結果を評価し，それをもとにして，検索語・検索式や分類項目の選択を検討し直すプロセスが重要である。さらに，インターネットの検索結果の評価においては，検索結果をもとにたどりついたウェブ・ページ自体の情報の評価も重要な意味をもつ。入手した情報の評価については，第5章を参照のこと。

4.4　インターネットの検索技術の指導

　今，インターネットは注目の教材でもあり，司書教諭以外にも多くの教員がインターネットの情報検索について教えている。そういった教員向けの本もたくさん出ている。そうした中で，司書教諭によるインターネットの検索に関する教授

はどういったものであるべきだろうか。教員向けに出版されている本を見てみると，インターネットによる情報検索の教授というと，検索エンジンの使い方やブーリアン演算の概念の理解を促すものが主流のようである。しかしインターネットのように，その上で提供されている情報や検索ツールが多種多様で，目覚ましい勢いで変化し続けるメディアから情報を探し出すことを教える場合，必ずしもある特定の検索ツールの利用法を教えることでは十分ではない。むしろどんな検索ツールにも応用できるような検索の力を児童・生徒に身につけさせることが重要であろう。そこで司書教諭は，「検索」の全体像を示した上で，その手だてとしての「検索技術」を教授することが求められる。つまり，検索実行のための技術に限らず，自らの思考の整理，索引付けや分類のしくみの理解など，検索実行の準備のためのさまざまな知識と組み合わせて教授されることが望ましい。そうすれば，インターネットの検索をひとつの例として，学習上また生活全般で要求される情報探索能力の育成にもつながっていくだろう。

1 検索技術の指導の焦点

これまでのインターネットの利用者研究をまとめた米国の研究によれば，検索エンジンを用いた典型的なウェブの検索では，利用者はほとんど検索の詳細設定機能を使わず（使うのは平均でたったの9％），ブーリアンを用いる者もほとんどおらず（用いる者の平均はたったの8％），簡易検索の画面に入力するのは平均2語で，ひとつの検索要求についてわずか1回から2回しか検索を実行せず，また平均するとあがってくる検索結果のうち10以下のウェブ・サイトしか利用者は実際には訪れないという[5]。こうした調査結果からは，検索者の検索に関する理解の不足や，検索の実行については気が短いともいえる傾向がみてとれる。また児童によるインターネットの検索を調査した米国の研究では，タイプ・ミス，スペル・ミス，語彙の不足といった言語能力の限界により，児童の検索がた

---

[5] Jansen, Bernard J. and Pooch, Udo. "A Review of Web Searching Studies and a Framework for Future Research", *Journal of the American Society for Information Science and Technology*, Vol. 52, No. 3, 2001, pp. 235-246.

びたび失敗に終わることが明らかになっている[6]。児童によるインターネットの検索に関するその他の研究の多くではさらに，児童にとって検索語の選択が難しいこと（特に句や文で入力しがちな傾向）も指摘されている[7]。

しかしこうした問題は，「検索」をよく理解し，事前準備に時間をかければ，かなりの程度回避できるだろう。こういったインターネットの利用者研究の成果をかんがみても，なるべく検索を長引かせずに納得のいく検索結果を得ることができるよう綿密な検索戦略を立てることの重要性，児童・生徒にその能力を育成することの重要性が特に強く認識される。

2　検索戦略策定法の指導

そこでここでは以下に，学校図書館における児童・生徒のための検索戦略策定法の教授について簡単に示そう。検索戦略の策定において，児童・生徒や検索の初心者にとって重要なことは，まずは机上で検索戦略の策定を行ってみること，そして検索実行にあたっては記録をとり，後にコンピュータを再度離れて検索を自ら評価してみることである。そのため，児童・生徒に検索戦略について教える場合は，コンピュータの前ではなく机の前に座らせる方がよい。その際，準備しておいた検索戦略の策定プロセスを示したワークシートを用いて指導するのが効果的であろう。まずはワークシートにあげた各プロセスを経るのに必要な知識や技術を例などとともに説明する。その上で児童・生徒に時間を与えて各自ワークシートに記入させる。そしてワークシートの記入が済んだ者からコンピュータで

---

[6] Kafai, Yasmin and Bates, Marcia J. "Internet Web-Searching Instruction in the Elementary Classroom: Building a Foundation for Information Literacy", *School Library Media Quarterly*, Vol. 25, No. 2, Winter 1997, pp. 103-111.

[7] Bilal, Dania. "Children's Use of the Yahooligans! Web Search Engine: I. Cognitive, Physical, and Affective Behaviors on Fact-Based Search Tasks", *Journal of the American Society for Information Science*, Vol. 51, No. 7, 2000, pp. 646-665. や Large, Andrew and Beheshti, Jamshid. "The Web as a Classroom Resource: Reactions from the Users", *Journal of American Society for Information Science*, Vol. 51, No. 12, 2000, pp. 1069-1080. は，特に児童・生徒によるインターネットの検索における検索語の選択の困難について言及している。

の検索を行わせる（この前に記入が済んだ時点で点検してやる必要があるかもしれない）。そして検索の実行後には，再び机に戻って検索結果を評価する作業を行わせることが重要である。

　検索戦略の策定には上述のようにさまざまなプロセスが含まれる。よってワークシートには，プロセス全体が含まれる場合も考えられるだろうし，プロセスの1段階だけを取り上げたものも考えられる。対象となる児童・生徒に合わせて用意する必要がある。ここでは，検索目標の明確化，検索語の選択，検索式の作成の指導のための中学生向けのワークシートの例を示そう。ちなみにここで除外した検索ツール（検索エンジン）の選択については第5章が参考になる。

検索戦略策定ワークシート

学年：＿＿　組：＿＿＿　名前：＿＿＿＿＿＿＿＿＿＿＿＿

　実際にインターネットに向かう前には必ず，検索戦略を考えましょう。検索の準備にあたっては，次にあげる4つのプロセスを経なければなりません。

1) 検索目標（内容や形式など）の明確化
2) 検索ツール（検索エンジン）の選択
3) 検索語の選択
4) 検索式の作成

　このワークシートでは，あなたの検索について1），3），4)をどうやって検索の実行前にはっきりさせておくかを学習しましょう。2)の検索ツールの選択については別の機会に学習します。

1) 検索目標

① 内容について：あなたは何についてインターネットで調べたいのですか？　書いてみましょう。

② 形式について：調べたい事がらについて，インターネット上にはどのような資料が見つけられそうでしょうか？　政府（省庁），地方自治体，各種組織や団体などが発表した公式の情報でしょうか？　そのトピックに関心のある個人が発表している情報でしょうか？　または新聞記事や雑誌記事でしょうか？

③ 出版時期について：いつ頃出された情報が欲しいのかがはっきりしているのなら、記しておきましょう。

2) 使う検索ツール（検索エンジン）
今回は goo ［URL＝http://goo.ne.jp］ を使いましょう。検索エンジンの選択法については別の機会に学習します。

3) 検索語の選択
① あなたが調べたいことを的確に表すと思われる「言葉」を、できるだけたくさん、少なくとも 10 個あげてみましょう。文ではななく、単語やなるべく短い熟語で表しましょう。

② 上の①にあげた言葉の中でも、もっともインターネットのフリーワード検索にふさわしいと思う言葉に下線をひきましょう。別刷りの Yahoo! JAPAN のカテゴリ表や図書館で使っている日本十進分類法や、辞書、事典などを参考にして、どんな単語があなたの調べたいことを的確に表す言葉なのか考えてみましょう。少なくとも 3 つは選んで線を引きましょう。

4) 検索式の作成
今日は複数の検索語を全部含む AND 検索の機能を使ってみましょう。検索語として選んで下線をひいた言葉のうち、どれとどれを組み合わせますか？　書いてみましょう。

　　　　　＿＿＿＿＿AND＿＿＿＿＿AND＿＿＿＿＿AND＿＿＿＿＿
　　　　　＿＿＿＿＿AND＿＿＿＿＿AND＿＿＿＿＿AND＿＿＿＿＿
　　　　　＿＿＿＿＿AND＿＿＿＿＿AND＿＿＿＿＿AND＿＿＿＿＿

注意：あまりにも一般的な言葉をひとつだけ選んだりすると、何万何千もの検索結果が出てしまいますよ。一般的な言葉の場合には複数選びましょう。他方で、あまりにも特徴的な言葉を複数組み合わせると、検索結果がほとんど出てこないこともあります。特徴的な言葉を選ぶ場合には、まずはその特徴的な言葉ひとつで挑戦してみましょう（検索を実行して検索結果が納得のいくものでなかった場合には、組み合わせを変えたり、①であげて②で下線をひかなかった語を使うこともももちろん可能です。まずはどの語がいいかを考えてみましょう）。

ここまで終わったら、○○先生に見せてください。先生の OK が出たら、コンピュータに向かって、さぁ検索の実行です！　検索結果がでたら、それを印刷してもって席に戻りましょう。

4.5 インターネット検索実践編

　第4章第2節で述べたように，インターネットの検索には，検索エンジンのカテゴリをたどる方法と，フリーワードによる全文検索がある（図4.4）。ここでは，主にフリーワード検索のテクニックについて具体的に説明しよう。

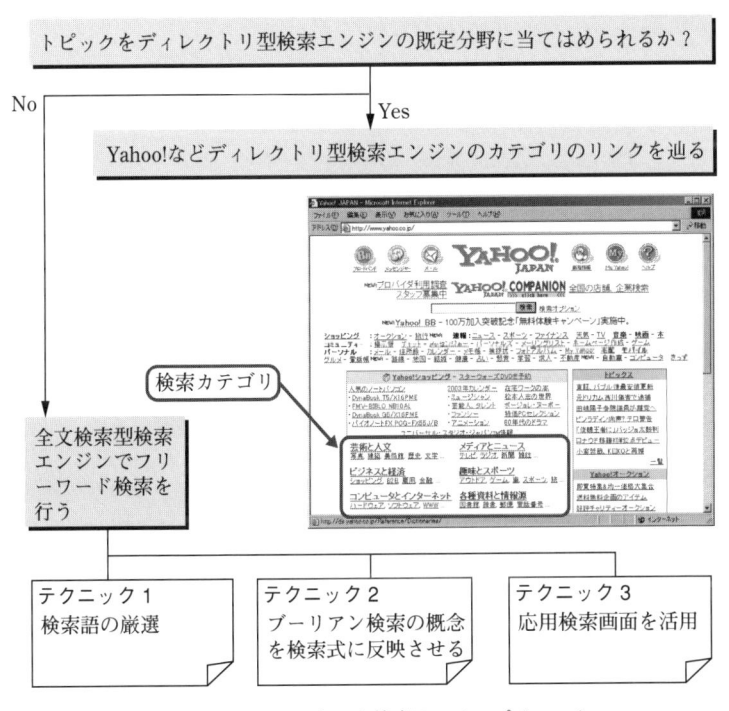

図 4.4　インターネット検索のステップチャート

テクニック1：検索語の選択

　第4章第2節3項で述べたように，類語の中から特徴的な語を検索語として選ぶことによって，適切に検索結果が絞られる。類語からの検索語の選択に際して

は，情報の種類や情報提供者の種類を考慮する。例えば，大人の表現と子どもの表現の使い分け，学術用語と一般用語の使い分けなどが考えられる。また，フレーズ検索が許される検索エンジンではそれを活用することで，単語だけではなく，熟語などの句（フレーズ）による検索も可能である。フレーズ検索を行うには，ふつう，日本語の場合は分かち書き（単語と単語の間にスペース，あるいはANDオペレータの挿入）をしないで検索語句を入力し，英語の場合は" "で挟んでフレーズを入力すればよい。また，フレーズ検索を指定する項目がある場合はそれを選ぶ。

テクニック2：ブーリアン検索の概念

ブーリアン検索には，AND検索，OR検索，NOT検索の3種がある。

AND検索は，複数の検索語を組み合わせることによって検索結果を絞りこむ概念である。インターネットの検索エンジンにおいては，たいていAND検索が初期規定値となっており，検索語の間にスペースを空けることによってAND検索が自動的に遂行される。図4.5(a)のように，2つの円が重なった部分にあたる2語両方を含む検索結果が出力される。対してOR検索は，検索の範囲を広げる際に使う概念である（図(b)）。検索目標を複数の検索語で表現して探すときや，英単語の語尾バリエーションを同時検索する際に有効である。NOT検索は検索語を「除外」する概念であるが（図(c)），その効果的な利用はなかなか難しい。NOT検索は検索エンジンによって，対応の有無，形式の差がある。

ここで，「少子化」と「一人っ子政策」を検索語として，実際に検索してみよ

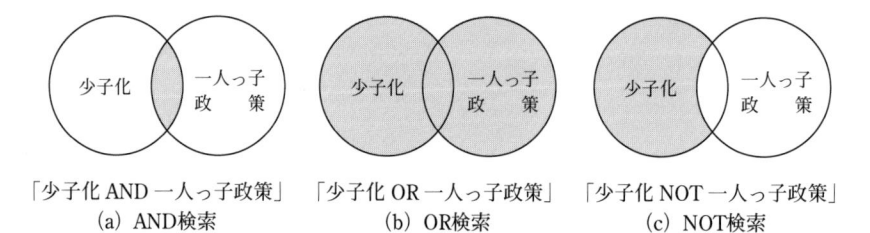

「少子化 AND 一人っ子政策」　　「少子化 OR 一人っ子政策」　　「少子化 NOT 一人っ子政策」
　　(a) AND検索　　　　　　　　　　(b) OR検索　　　　　　　　　　(c) NOT検索

図4.5　ブーリアン検索の概念

う（図4.6）。AND 検索では2つの検索語を含むウェブ・ページが検索されたが，OR 検索では検索語が2つとも含まれているとは限らない。ヒット数にも歴然たる違いがある。

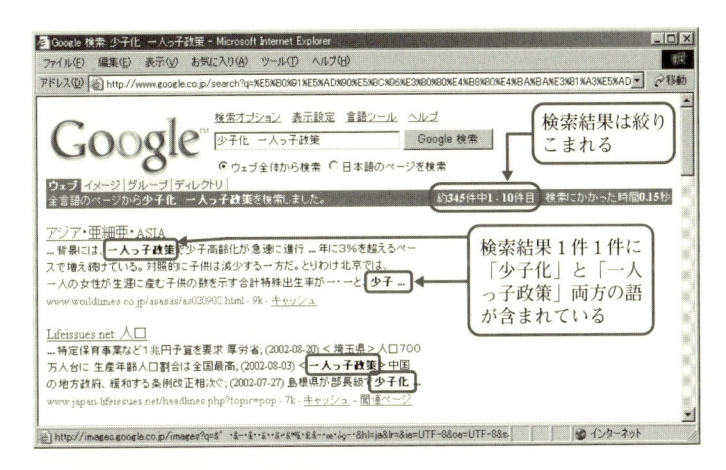

(a) AND 検索「少子化 AND 一人っ子政策」：ヒット数 345 件

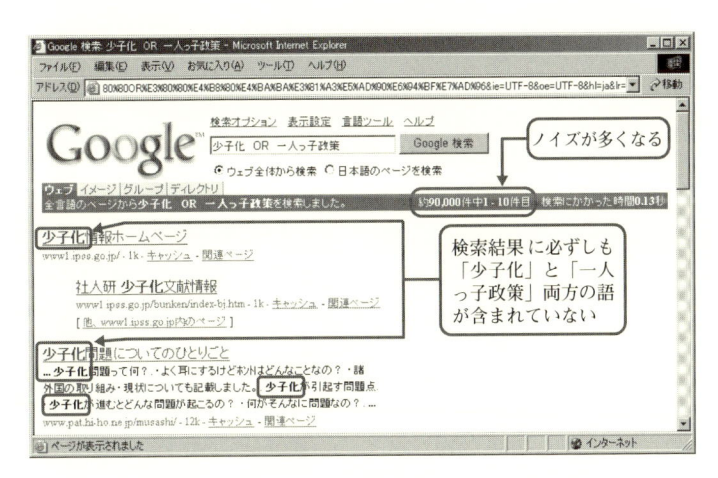

(b) OR 検索「少子化 OR 一人っ子政策」：ヒット数 90,000 件

図 4.6　検索結果

テクニック3：応用検索画面の活用

　検索エンジンにはたいてい応用検索画面（検索オプション）が用意されている。応用検索画面を利用して，ブーリアン検索概念を組み合わせたり，ファイルタイプ，言語，ページ更新日などによる絞りこみが可能である。

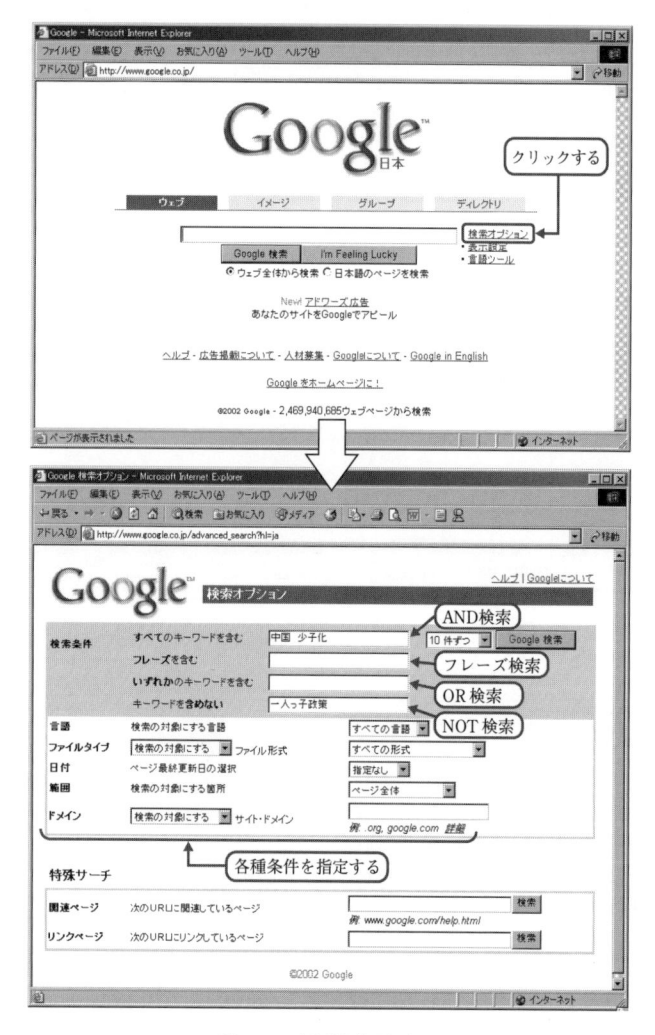

図 4.7　応用検索画面

70　第4章：インターネットの検索技術

第5章 検索システムの評価

5.1 司書による検索システム評価

　インターネットの普及とともに，司書の役割は新しい局面を迎えた。デジタル・ライブラリアン，インターネット・ライブラリアンという呼称からもわかるとおり，司書は従来の印刷出版物やAV資料に加え，CD-ROM，DVDといったパッケージ系電子出版物や，インターネット出版を含めたネットワーク系電子出版物を，図書館資料として評価し，収集し，提供することが求められている。ヤッチョ（Peter Jacso）はデジタル環境下での司書の役割を，①雑誌論文や種々のレファレンス資料などを含めたデジタル・コレクションを築くこと，②インターネット検索エンジンなどの検索ツールを効果的に使いこなすこと，③デジタル情報を発信すること，の3点だと説明している[1]。司書がこれらの役割を担う際にもっとも必要なのは，柔軟性と効果的にツールを使う能力である。それらを身につけることで，従来行ってきた選書・収書・分類を電子出版物に対して行い，図書館の書架とインターネットを始めとするデジタル書架の両方から臨機応変に情報を引き出すことが可能になる。司書が使うツールのうち，本章が対象とする情報検索システムには，オンライン閲覧目録（online public access cata-

---

[1] Jacso, Peter. "What is digital librarianship?", *Computer in Libraries*, 20(1) January, 2000, pp. 54-55.

log，以下 OPAC），文献データベース，百科事典などの情報ソフトウェア，インターネット検索エンジンなどが含まれる。これらのさまざまな検索システムを場面に応じて使い分けること，そして数ある同種類のシステムの中から最適なものを選択することが，効果的なツールの使用の鍵だといえる。

　本章では，司書教諭が行う検索システムの選択の際の，比較検討のプロセスを例示する。検索システムは，情報探索という利用の場面においては，求める情報の種類に応じてさまざまな違いがある。一方で，司書教諭が検索システムを評価検討する場合には，手順や評価項目の内容に共通点が多く，ここで一例を示す比較検討のプロセスが他の場面にも応用できる。ここでは，インターネットの検索エンジンを取り上げてその評価手法を中心に論じ，また同様の手法を授業に組み込み児童・生徒に伝授する際のワークシート例を紹介する。そして最後に，検索エンジン評価手法を応用し，OPAC を含む各種の有料検索システムを評価する場合について述べる。これらの実例を通して，最終的には司書教諭ひとりひとりが各自の職場環境での需要に答えられる評価手法と検索システム評価項目を生み出す参考となることを願う。

5.2　検索エンジンの特徴

　インターネットを効果的に使う上で，検索エンジンの重要性は計り知れない。仮に検索エンジンが存在せず，印刷された URL リストやリンク集だけしか入手できない状況であったら，インターネットがこれほど一般的な情報源として普及することはありえなかったであろう。ゴードン（Michael Gordon）らは検索エンジンの機能を，

① 検索者が検索できる情報集合体から，ウェブ・ページを集めること
② 内容をとらえることによって，情報集合体にあるウェブ・ページを表現すること

③　検索者に検索式を作成させたり，検索アルゴリズムを採用したりすることによって，関係のあるウェブ・ページを情報集合体から探すこと

の3点としている[2]。ゴードンらは，この3点を共通項とした上で各エンジンには違いがあるとしている。つまり，検索エンジンの機能とは①収集，②要約，③検索の3つであるが，そのすべてにおいて各検索エンジンは少しずつ違い，結果的に各々の検索エンジンの特徴を形作っているといえる[3]。それらの異なった特徴をもつ検索エンジンを学校図書館の現場で効果的に使いこなすためには，検索エンジンの機能をユーザの代表である司書教諭が実際に比較検討し，評価を下した上で自らが利用し，児童・生徒または教職員に対して目的に応じた使い方を指導する必要がある。

5.3　検索エンジンの評価

1　評価方法の種類

　検索エンジンの評価方法を上記のゴードンらは，①証明型（testimonial）と②比較型（shootout）の2種類あるとしている。①の証明型は，実際の使用に基づいて，経験的に検証する方法である。パソコン雑誌などで見られる検索エンジン評価の多くは，この手法を用いており，読者の興味や関心に沿って，実際にソフトウェアを使い，比較した結果を報告している。②の比較型は，事実や数値に基づいて比較する方法である。学術的に検索エンジン評価をする場合によく用いられる手法で，具体例としては，検索結果の精度や再現率の比較や，ESL（Expected Search Length）[4]による比較があげられる[5]。どちらの評価手法も高

---

[2]　Gordon, Michael and Praveen Pathak. "Finding Information on the World Wide Web: The Retrieval Effectiveness of Search Engines", *Information Processing and Management*, 35, 1999, pp. 141-180.
[3]　例えば，ExciteのロボットはGoogleから提供されているが，インタフェースや各設定が違うため，検索結果や使い勝手に差がでる。

校生以上のユーザのための検索エンジン選びを目的とした研究が主流であるが，評価項目を絞りこみ，小・中学校の児童・生徒の反応を調査した研究も紹介されている[6]。本来，検索エンジンを評価するためには，証明型と比較型のどちらの視点も含まれるべきであるが，特に後者に関しては，複雑な数式を用いるなど，実務家が日常行うには負担が大きく限界がある。本章では，後者を前者のアプローチに組み込み，全体的に簡易化することよって，実務家向けにアレンジした評価項目と実際の評価手法を示す。

各検索エンジンの比較型評価について，実務家レベルで補い切れない点は，文献やウェブ・サイトで発表されている情報を随時参考することが望ましい。簡単に参照でき，ユニークな情報を提供している例としては，浅井勇夫らによる検索エンジン情報のウェブ・ページがある。浅井の「検索デスク」[7]は第4章でも挙げられていたメタサーチ型検索エンジンのページであるが，検索エンジンの最近の動向を分析した記事や，独自の手法で算出された各検索エンジンの「検索力」

---

[4] ELSとは，「上位のページから順に検索結果を見ていったとき，最初に現れる適合ページの順位（つまり，適合ページを見つけるまでに，不適合ページをいくつ見なければならないか）」である。一方，再現率・精度は計算が困難であるため，既存の研究を参考にするとよい。

[5] 注2は，ディレクトリ型を含む8種の検索エンジンを使って，各エンジンが多岐にわたるインフォメーション・ニーズにどう対応できるかを，分野に関係なく検索結果の再現率と精度で検討している。より一般的に，同じ検索語を使って再現率と精度を比較する研究の最近の例としては，Bar-Ilan, Judit. "Methods for Measuring Search Engine Performance over Time", *Journal of the American Society for Information Science and Technology*, 53(4), 2002, pp. 308-319. などがある。また，ESLを使った比較では，服部紀彦「サーチエンジンの評価尺度としてのESL（Expected Search Length）」[http://www.slis.keio.ac.jp/~ueda/sotsuron97/hattori97.html]（アクセス2002年10月1日）を参考にされたい。

[6] Large, Andrew, Jamshid Beheshti, and Tarjin Rahman. "Design Criteria for Children's Web Portals: The Users Speak Out", *Journal of the American Society for Information Science and Technology*, 53(2), 2002, pp. 79-94.は子供用検索エンジン評価を証明型に近い手法で行っている。10歳から13歳のユーザが4種類の子供用検索エンジンを使った際の印象を調査し，子供用検索エンジンのインタフェースデザインについて提言をしている。Bilal, Dania. *op. cit.*, pp. 646-665.はYahoo!の子供用検索エンジンYahooligans!を中学生の科学の授業で生徒に使わせ，検索結果の内容の妥当性を評価している。比較型の手法に近い。

[7] 浅井勇夫「検索デスク」[http://www.searchdesk.com]（アクセス2002年10月1日）．

が紹介されている。浅井の出す「検索力」は，50のキーワードによる検索結果におけるサイトのランク状況から求めた検索ランクと，キーワードのヒット数から求めた検索数の比を4対1に配分した指数で評価されている。ノーツ（Gregg Notess）のサーチ・エンジン・ショーダウン（Search Engine Showdown）[8]では，各エンジンの特性を簡潔に説明する表とともに，各種統計が紹介されている。統計資料の中で特に参考になるのが，主要検索エンジンすべてで4種の検索を行い，その検索結果の重複を調査したデータベース間重複（Database Overlap）と，逆に主要検索エンジンのうち1つのエンジンにしかヒットしないウェブ・ページを挙げた独自ヒット（Unique Hits）である[9]。これらは，検索エンジンの特性を見る上で貴重な視点であり，またウェブ・サイトでは，日常的に情報が更新されており，使いやすい。

2 検索エンジン評価のステップ

検索エンジン評価は，以下のステップで行う。理想としては，授業担当教師と司書教諭を含む複数の評価者が，③以外のステップを協同で行うと良い。①，②において作業を行っていく上での共通の認識を確立し，③では，まず各自の立場から個別に評価をし，④で再びそれらを持ち寄って分析できる形態まとめ，⑤で討議し，全体の評価を下す。

① 利用の目的，選択・導入理由などの事前確認と評価対象の決定
② 基本情報の収集と評価項目リストの作成
③ 評価項目に基づいた点数評価
④ 評価者各自または，全員の評価結果をまとめ，表やグラフを作成
⑤ 収集情報および評価結果を基に選択・導入の決定

こうした5段階のステップの具体的な内容を，以下の各項で詳しく見ていこう。

---

[8] Greg Notess, "Search Engine Showdown" [http://www.searchengineshowdown.com/]（アクセス2002年10月1日）．
[9] 4種類の簡単な検索式を，10種類の検索エンジンで実行し，検索結果の重なりを調査しているのがDatabase Overlapで，逆に1種類の検索エンジンでしか得られない検索結果の率を調査しているのがUnique Hitsである。

① 利用の目的，選択・導入理由などの事前確認と評価対象の決定

　検索エンジンを評価する際，第一のステップは，評価者が検索エンジンの利用目的を明確化することである。司書教諭と教師など評価者全員の共通事項，および各自の個別事項を議論しておく必要があるだろう。例えば，検索実習を補助する人員の有無，同時に使えるコンピュータの台数，というような利用環境に関する事項は共通である可能性が高いが，対象年齢，授業カリキュラムの内容，時間的制約，といった事項は場合によって異なる。これらの共通点と相違点を評価の初段階に明らかにしておくことは，評価後に有意義な討議を行うために不可欠である。その上で，評価する検索エンジンをいくつかに絞りこむ。

② 基本情報の収集と評価項目リストの作成

　検索エンジン評価ステップの核となるのが，各エンジンについての情報の収集と，実際に使用してみて評価するための評価項目の決定である。ここでいう情報収集とは，登録件数，登録受け付けの可否，更新の頻度，挙げられている項目の詳細のように，各検索エンジンのウェブ・ページや各種雑誌などでわかる諸条件について調べて整理することである。これらの情報は，実際に使用して採点する検索エンジン評価の結果（後述）とともに，検索エンジン選択の際の参考資料になる。情報収集は，後述の検索エンジン以外の有料検索システム評価の際に，より重要になる。

　一方で，評価項目の決定は，検索システムの種類を問わずもっとも重要な作業である。司書教諭による検索エンジンを含む検索システム評価項目の決定は，利用者の立場に立ち，普段利用者として使っている際に無意識に考えているような項目を再検討するプロセスである。表5.1として評価項目例を一覧表として示す。前述の比較型に相当する項目は「F.検索結果の内容」として挙げており，残りの項目は証明型に相当するといえる。

　検索エンジンは，内容，インタフェースともに日々変化を遂げているため，少なくとも同項目の評価は，評価対象検索エンジンすべてを，同日中に横断的に行うことが望ましい[10]。また，検索機能に関する項目を評価する際は，同じ検索語

による検索を各検索エンジンごとに実行して評価する。ここでは，第4章で挙げられている，Excite Japan, goo, Google, infoseek Japan, Lycos Japan, の5つのロボット型検索を評価してみる[11]。その際，Fの項目に関しては，検索結果のトップ50を評価対象とし，検索要求が満たしているかを確認するための評価指標には，前項で言及したESLを用いる[12]。

第4章で説明したように，検索エンジンにはディレクトリ型とロボット型があるが，双方を表5.1のすべての項目について比較することは，検索過程が違うため困難である。同時に評価したい場合は，表5.1の「A.操作性とヘルプ」「E.検索結果の表示」「F.検索結果の内容」に絞ると良いだろう。また，子どものために検索エンジンを評価する場合や，子ども用に構築された検索エンジンを評価する場合には，表5.1を参考に，評価項目を削除または追加すると良いだろう。特に小学生の利用を考える場合には，インタフェースのデザインがいかに児童にとって魅力的であるか，検索結果の表示にどのような工夫があるか（例えばgooの子ども用検索エンジン，キッズgooでは，検索結果とリンク先サイトのふりがな表示が可能であるといった工夫がされている），フィルタリング機能の有効性はあるか（第3章参照），などの項目を中心に評価項目を決定することができる。ただし一般的に，子ども用検索エンジンは，一般検索エンジンに比べかなり検索機能が制約されている。そのため，評価結果を一般検索エンジンの評価結果と比較することにより，双方を臨機応変に使い分けて指導することも考慮するべ

---

[10] インターフェースの変遷は，Internet Archive［http://www.archive.org］（アクセス2002年10月1日）の"Wayback Machine"を使って，過去のサーチエンジンのトップページの変化を追ってみることによって，いかに頻繁にインタフェースの更新がなされているか一見できる。Internet Archiveのように，インターネット上の情報を保存しておくことに対する賛否は，特に個人のウェブ・サイトに関して議論が分かれている。しかし，検索エンジンのような企業のウェブ・サイトに関しては，変遷の記録は有効な情報であろう。

[11] Lycos Japanは2003年9月1日にinfoseekに吸収された。このような検索エンジンを提供するポータルサイトの統合以外に，gooが独自の検索エンジン開発をやめ，Googleのウェブ・データベースと検索ソフトを採択するなど，検索エンジン統合の動きも見られる。検索エンジンの統合によるポータルサイトの独自性の低下，そしてポータルサイト自体の統合が進むことで，インターネット情報へのアクセス経路が画一化・限定化されるという問題がでてきた。

[12] ESLが利用者が自分で計算できるもっとも簡便な尺度であると判断した。

表 5.1　評価項目例一覧

評価対象機能カテゴリ	評価項目	評価項目詳細
A. 操作性とヘルプ機能	スクリーンのデザインやレイアウト	配置，文字の読みやすさ，色具合などスクリーン全体の印象
	ボタンやチェック項目の使いやすさ，検索窓の大きさなど	諸動作をよりスムーズに行うための補助的機能
	ヘルプ機能へのアクセスと使いやすさ	ヘルプ機能の有無，見やすさやわかりやすさ，内容の正当性
B. 検索画面の機能性	検索レベルの設定	初心者向け，詳細検索画面など，段階別の検索画面の有無とその効率性
	再検索の簡易性	行った検索を利用しての再検索が容易にできるか，使われたコマンドなどが検索画面に現れるかどうか
C. 基礎検索機能	検索演算子への対応	「AND」「OR」「NOT」や「＋」「？」などの検索記号への対応の有無
	()による検索式への対応	検索式に () を使うことによって，検索語の優先順位がつけられるか
	近接演算子への対応	2語の近接を指定して検索が可能か
	トランケーションへの対応（主に英文検索）	単語の語尾を省略して，複数形や語幹が同じ語などのバリエーションの検索が可能か
	フレーズ検索への対応	フレーズ検索にどのように対処しているか
	検索語のゆらぎや間違いへの対応	カタカナで検索する際の単語のゆらぎや英語のスペミスに対する対策があるか，文字が半角・全角に関係なく検索できるか
	自然言語文検索	自然言語文による検索がどの程度可能か
D. 絞りこみ検索機能	ドメイン検索	特定のドメインやサイト内の検索が可能か
	対象ファイルフォーマットの種類	ファイルフォーマットによる絞りこみの有無，どのようなファイルが検索可能か。PDFファイル，MP3ファイルなど，特定のファイル形式を求める際に重要
	対象言語の種類	言語フォーマットによる絞りこみの有無
	リンク検索	特定の URL にリンクしているページを検索する

表5.1 評価項目一覧（つづき）

評価対象機能カテゴリ	評価項目	評価項目詳細
D. 絞りこみ検索機能	日付け	ウェブ・サイトの作成日による絞りこみ
	特定項目文字列検索	タイトルや，URL中の文字列検索が可能か
E. 検索結果の表示	検索結果のレイアウト	検索結果のレイアウト全体の印象
	表示設定の有無	1ページ内に表示できる検索結果数や表示内容が変更できる
	検索語の表示	検索に使用した語が検索結果でハイライトされるなど
	検索結果の並べ替え	検索結果を日付けやタイトルなどによって並べ替えることが可能か
	同一サイトにおける検索結果の表示方法	同一サイトからのさまざまのページをどのように表示しているか
F. 検索結果の内容	検索結果の適合性	検索する際に望んでいた検索結果が得られているか
	リンクの有効性	検索結果内で表示されるリンクの有効性

表5.2 点数評価例

0	該当する機能がない
1	最低限の機能のみある，または，機能が非常に使いにくい
2	機能はあるが，それほど使いやすくない
3	機能がかなり効果的に使える
4	機能が非常にすぐれた形で提供されている

きである。

③ 評価項目に基づいた点数評価

　各項目を点数評価する際重要なのは，上記のとおり，各項目に関して違うシステムを同時に並行して評価することである。表5.3に示す評価例では上の表5.2に示すような5段階で点数評価を行い，機能の有無のみでなく，同種機能の優劣評価を比較している[13]。評価点数の割り出しには，評価者個人の利用目的によってばらつきが出るので，評価の際に感想をまとめておき，後の討論に役立てると

よい。また，評価の着眼点を図5.2に示したので，あわせて参照いただきたい。

　個々の項目を点数化して評価したものを，A～Fのカテゴリ別にまとめた合計点を百分率に換算することによって，もっとも単純な総合評価ができる。ただしこの際，すべての項目が同じ重みで点数評価されてしまっていることを忘れてはならない。利用の目的を考慮すると，表5.1に挙げた項目の中に優先順位がつけられる場合もあるだろう。仮に，必要不可欠と考えられる項目がある場合には，それに対する評価を最優先にして考えることも必要である。

④　評価結果のまとめと表やグラフの作成

　点数化した評価結果は文書や表でまとめると同時に，グラフにするとビジュアル化されわかりやすい。グラフは，評価者個々人の結果と全員の総合評価を反映したものの2種類用意すると良いだろう。表5.3の検索エンジン評価結果を，評価カテゴリ別に合計して百分率に換算した結果をレーダ型グラフで表現したものを図5.1として例示するので参照されたい。レーダ型グラフは，個々人の評価結果を反映する場合に，カテゴリごとの各エンジンの傾向が一目瞭然である。また，複数の評価者の評価結果をまとめる際には，棒グラフで表現するのが良い。

⑤　検索エンジン選択の検討と決定

　評価者は最終的に，評価結果のまとめやグラフと評価前に行った議論をもとに，利用目的に合った検索エンジンの選択と使い分けを検討する。③でも述べたが，評価結果を見る際は，総得点を見るだけでなく，各カテゴリ，各項目への評価結果を見て，重要視する項目における各エンジンのパフォーマンスを検討する

---

[13]　点数評価の基準に関しては，さまざまな設定が考えられる。鈴木尚志『検索エンジン徹底活用法』日本経済新聞社，1998のように機能の有無のみを問題にしている場合も多い。検索エンジン評価の例ではないが，中野彰ほか『徹底入門ガイド：学校へのコンピュータ導入＆活用マニュアル』学事出版，1994，p.150では学習用ソフトウェアを0点から3点の間で素点（絶対評価）と重み（教科の特性や先生の主観）の2種類の観点を採点し，両者を乗算し，各項目への評点（評価点）としている。各学校図書館で，もっとも使いやすい方法を採択すればよい。

表5.3　検索エンジン評価例

A	操作性とヘルプ機能	Excite	goo	Google	infoseek	Lycos	点数評価根拠
①	スクリーンのデザインやレイアウト	2	3	4	3	2	Exciteはトップページ画面が現れるまでに，広告動画の画面が現れることがある。動画をスキップすることも可能ではあるが，非常に煩雑であり，評価が低くなった。また検索画面にも，広告が非常に多い。Lycosも，トップページの動画広告を含め，全体に広告が多く，本来の目的である検索機能が見えにくい欠点がある。逆にGoogleは広告などむだなものが一切なく，大変使いやすいが，低学年層には単純すぎる場合もあるだろう。配色も考慮した全体のレイアウトに関しては，Google, infoseek, gooが多くの機能を適度な配色ですっきり表現している。ただし，infoseekとgooはレイアウト，配色ともに大変似通っていて，一方に際立った特徴を見出すのは難しい。
②	ボタンやチェック項目の使いやすさ，検索窓の大きさなど	2	3	3	3	2	Exciteは検索種類の選択肢が多少混み合っている。Googleは検索窓が大きくてわかりやすいが，「Google検索」ボタンと「I'm Feeling Lucky」ボタンの機能の違いがヘルプを見ないと明確でない。Exciteの「JWord」サーチボタンも同様の問題がある。infoseekとgooは検索種類の選択肢のレイアウト，検索窓の大きさなどが適度である。Lycosは検索窓が小さくて，長めの検索式の表示ができない。
③	ヘルプ機能へのアクセスと使いやすさ	2	4	4	2	2	Exciteのトップページ画面上のヘルプへのリンクがわかりにくい。内容的には，gooのヘルプは検索指導的要素が強く，検索のノウハウを身につける過程として司書教諭の一助のもとに利用するには良いが，多少冗長でもある。Googleのヘルプは簡潔だが，わかりやすい。Excite, infoseek, Lycosのヘルプは内容的に貧弱である。
	小計	6	10	11	8	6	
	％	50	83	92	67	50	

5.3　検索エンジンの評価

表5.3 検索エンジン評価例（つづき）

B	検索画面の機能性	Excite	goo	Google	infoseek	Lycos	点数評価根拠
④	検索レベルの設定	0	3	3	2	0	ExciteとLycosには初級者・上級者や検索の詳細などの検索レベルによって個別の検索画面は設定されていない。gooとGoogleの詳細検索画面で設定できる条件はほぼ同内容であるが，gooでは表示設定に関するものも検索画面の条件に含まれている点が違う。gooは初期検索画面のほかに「詳しく検索」「さらに詳しく検索」の3画面が設定されている。「詳しく検索」で設定した条件は保存して初期検索画面および，「詳しく検索」画面での検索に，「さらに詳しく検索」で設定した条件はやはり保存して同画面での検索にそれぞれ反映させることが可能である。infoseekの「マニアック検索」は設定できる条件がgooとGoogleに比べて少ない。
⑤	再検索の簡易性	1	3	4	3	2	すべての検索エンジンで，検索結果の検索窓に実行済み検索で用いた検索語が表示され，再検索への転用が可能である。Google, Lycos, Exciteではさらに，それらの検索語が検索結果表示内にて太字で表示されるので，検索語がどこに含まれているかを見ることで，再検索時の絞りこみに応用が可能である。再検索の簡易性はGoogleがもっとも優れており，「検索オプション」で設定した条件も，演算子にして検索結果の検索窓に表示されるため，同一条件に関する変更であれば，必ずしも「検索オプション」に戻らなくても修正が可能である。Googleではさらに，英文検索時にスペルミスが含まれていた場合，正しいスペルによる検索を「予想されるキーワード」として検索窓の下にリンクで表示する機能がある。gooは「詳しく検索」と「さらに詳しく検索」画面がまったく関連していないため，各々別にしか修正ができない点が不便である。
	小計	1	6	7	5	2	
	%	13	75	88	63	25	

表5.3 検索エンジン評価例（つづき）

C 基礎検索機能	Excite	goo	Google	infoseek	Lycos	点数評価根拠
⑥ 検索演算子への対応	4	2	3	2	0	検索エンジンによって対応の差が見られる。Googleでは，NOT検索を行うには，詳細検索画面で設定する必要がある。gooでは検索演算子を使う場合，「さらに詳しく」の画面でBooleanを選択する必要がある。infoseekでは，OR検索を行うには，初期検索画面からではなく，マニアック検索で設定するか，検索結果画面で再検索設定の際に選ぶ。Lycosでは，演算子への対応がまったくされていない。Exciteのみ初期検索画面で，3種すべての演算子の設定が可能。
⑦ ( )による検索式への対応	4	0	4	0	0	ExciteとGoogleのみが対応しており，初期検索画面にてブーリアン検索を組み合わせた検索式の実行が可能である。
⑧ 近接演算子への対応	0	0	0	0	0	すべての検索エンジンに近接演算子の対応がない。
⑨ トランケーションへの対応	0	0	0	0	0	すべての検索エンジンにトランケーションへの対応がない。
⑩ フレーズ検索への対応	3	4	4	3	3	gooとGoogleは""内に検索語を入れる，または検索条件でフレーズ検索を選ぶことでフレーズ検索が可能。Excite, infoseek, Lycosでは，""に検索語を入れることでフレーズ検索が可能である。
⑪ 検索語のゆらぎや間違いへの対応	2	0	2	2	2	Googleはカタカナの検索語によって，同じ検索語の半角と全角の検索結果に差異がある場合とない場合があり，例えば「コンピュータ」と「ｺﾝﾋﾟｭｰﾀ」では検索結果が変わるが「パソコン」と「ﾊﾟｿｺﾝ」では同じ検索結果が表示される。gooはカタカナの半角と全角を完全に違いとして認識しており，検索結果にかなり差があるがローマ字の場合は同じ検索結果がでる。Excite, infoseek, Lycosでは，半角，全角の違いは認識されておらず，常に同一の結果が表示される。英文検索のスペルミスに関しては，Googleのみ正しい語を提案する機能がある。

表5.3 検索エンジン評価例（つづき）

C	基礎検索機能	Excite	goo	Google	infoseek	Lycos	点数評価根拠
⑫	自然言語文検索	3	1	3	3	3	gooでは，「有事法案とは」のような自然言語で検索すると，他の検索エンジンと比較してヒット数が非常に低い。
	小計	16	7	16	10	8	
	％	57	25	57	38	29	

D	絞りこみ検索機能	Excite	goo	Google	infoseek	Lycos	点数評価根拠
⑬	ドメイン検索	2	4	3	3	0	Exciteは演算子を使うことによってドメイン検索が可能。goo, Google, infoseekでは詳細検索などの検索画面で，ドメインの検索指定や除外指定（NOT検索）が可能である。gooではさらに，特定ドメイン内のディレクトリもドメインと同時に指定検索が可能である。Lycosはドメイン検索機能がない。
⑭	対象ファイルフォーマットの種類	1	3	3	0	0	ExciteとGoogleはイメージ検索画面が設定されている。gooとGoogleは，どちらも詳細設定でファイルの種類を指定することが可能である。
⑮	対象言語の種類	2	1	4	0	0	Exciteでは25ヶ国語と20ヶ国から指定が可能だが，「言語設定」画面へのリンクが検索結果画面からしかない。gooは日本語と日本語以外しか言語種類が選択できないが，「北アメリカ」など7地域から地域の指定が可能である。Googleは言語，国ともに圧倒的多数の選択肢があり，それらを頻繁に選択する場合，「表示設定」で設定することもできる。また，Googleでは各国のGoogleへのリンクも「言語ツール」画面で提供されている。
⑯	リンク検索	0	4	4	4	0	gooとinfoseekではリンク先URLを詳細検索画面でキーワードとして検索可能。Googleではリンク検索用の検索窓が設けられている。

表5.3 検索エンジン評価例（つづき）

D 絞りこみ検索機能	Excite	goo	Google	infoseek	Lycos	点数評価根拠
⑰ 日付け	0	3	2	4	0	infoseek がもっとも充実しており，日付けを自由に指定できる。goo では，入力した日付けの前後を選択して検索可能。Google は，3ヶ月ごとに1年前まで選択できる設定のみがある。
⑱ 特定項目文字列検索	0	0	4	4	0	Google と infoseek のみで，文字列をウェブ・ページのタイトル，本文，URL 内に指定して検索する機能がある。
小計	5	15	20	15	0	
％	21	63	83	63	0	

E 検索結果の表示	Excite	goo	Google	infoseek	Lycos	点数評価根拠
⑲ 検索結果のレイアウト	3	2	3	4	3	各検索エンジンごとに，それほど際立った差はないが，goo はヒット数がページで表示される点とすでに表示したリンク先も色が変わらない点が，他の検索エンジンと比べて多少わかりにくい。ただし，goo のみがミラーサイトを別表示するなどの利点もある。goo，Lycos，infoseek では見出しに番号がついており，検索結果の適合性を調べる際や，検索結果画面とリンク先を行き来する際にわかりやすい。infoseek は表示設定が検索結果画面ですぐに変更できる点，検索結果の各項目が色分けされていること，キーワードが数日以内のニュース記事にヒットした場合は，他の検索結果と分けて最初に表示している点などが，優れている。
⑳ 表示設定の有無	0	3	3	4	0	goo，Google，infoseek では検索結果の表示設定があり，表示件数，要約表示の切り替え，検索結果を新しいウィンドウで開くなどの設定ができる。特に表示件数の設定と並べ替えの設定（infoseek のみ有）は，検索結果を効率的に見るうえで変更できると良い。

表5.3 検索エンジン評価例（つづき）

E 検索結果の表示	Excite	goo	Google	infoseek	Lycos	点数評価根拠
㉑ 検索語の表示	3	0	3	0	2	Google, Lycos, Excite ではさらに, それらの検索語が検索結果表示内にて太字で表示される。ただし, Lycos は熟語を検索した際も, 単語単位で太字表示がされる点が混乱を招く。表示方法には, 他にハイライトや色を変えるなどで対応しても良いのではないだろうか。
㉒ 検索結果の並べ替え	0	0	0	3	0	infoseek のみが検索結果をスコア順と日付けでの並びかえが可能である。
㉓ 同一サイトにおける検索結果の表示方法	3	0	3	3	4	goo では同ドメイン内からのヒットを一括で再表示させる機能が検索結果表示にない。Lycos のみが, 同ドメイン内でのヒット数を表示に含めており, 明解である。
小計	9	5	12	14	9	
％	45	25	60	70	45	

F 検索結果の内容	Excite	goo	Google	infoseek	Lycos	点数評価根拠
㉔ 検索結果の適合性	2	3	3	2	1	アイボー, 非核三原則, library bill of rights, university of minnesota の4つをキーワードとして各エンジンで検索した結果のうち上位20位のみを検証した。アイボー（正式名称 AIBO）で求めていた公式サイトを検索できたのは infoseek のみである（上位1位）。英文キーワードの2種類では, goo と Google のみ求めていたサイトを検索できた（どちらも上位1位）。libraly bill of rights のみ Excite が1位で, infoseek は3位で検索結果に現れた。いずれにせよ, この項目の検証はより大規模かつ詳細に行う必要がある。

表5.3 検索エンジン評価例（つづき）

F	検索結果の内容	Excite	goo	Google	infoseek	Lycos	点数評価根拠
㉕	リンクの有効性	2	3	3	2	3	前項目の検索結果にて，求めているサイトが見つかった場合のみ，上位20位に関してリンクの有効性を検証した。すべての検索エンジンで検索できた，非核三原則の場合，goo, Google, Excite が各1リンクが解消されていた，もしくは別の内容にリンクされていた。infoseek は3箇所，Lycos は2箇所リンクが解消されたままであった。なお，この項目も前項目同様より大規模かつ詳細に検討する必要がある。
	小計	4	6	6	4	4	
	%	50	75	75	50	50	

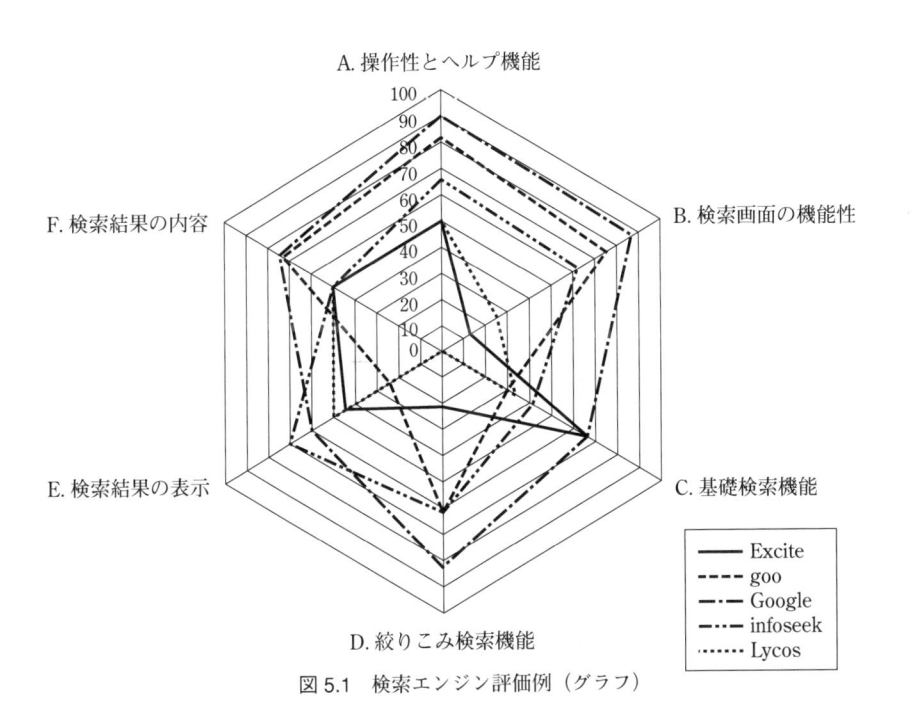

図 5.1 検索エンジン評価例（グラフ）

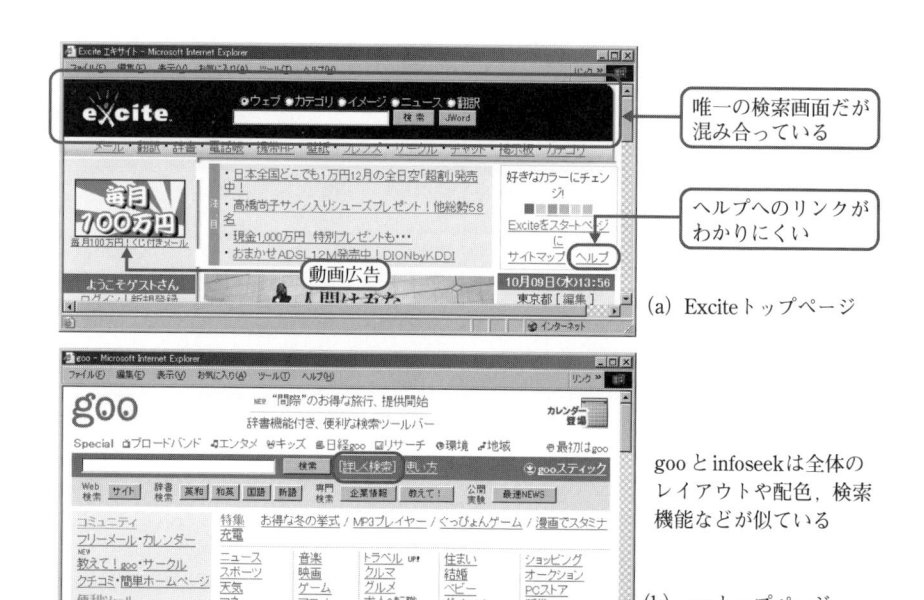

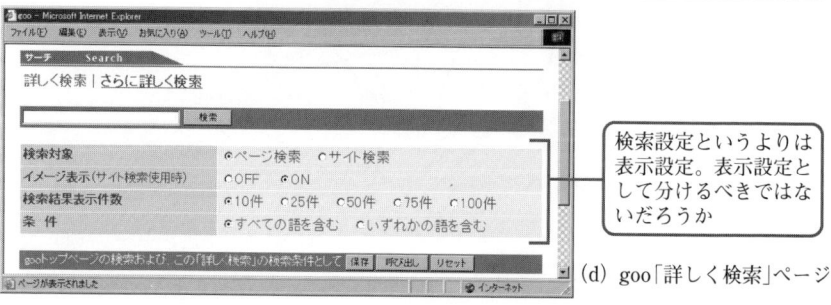

図 5.2 検索エンジンの比較

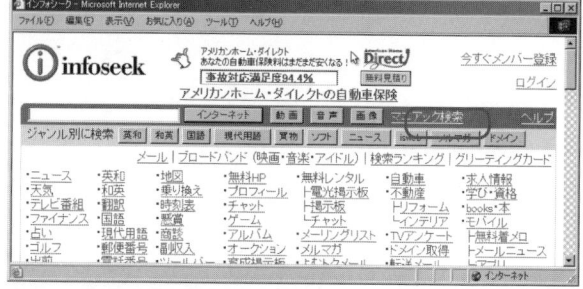

(a) Exciteトップページ — 唯一の検索画面だが混み合っている／ヘルプへのリンクがわかりにくい

(b) gooトップページ — gooとinfoseekは全体のレイアウトや配色，検索機能などが似ている

(c) infoseekトップページ

(d) goo「詳しく検索」ページ — 検索設定というよりは表示設定。表示設定として分けるべきではないだろうか

88　第5章：検索システムの評価

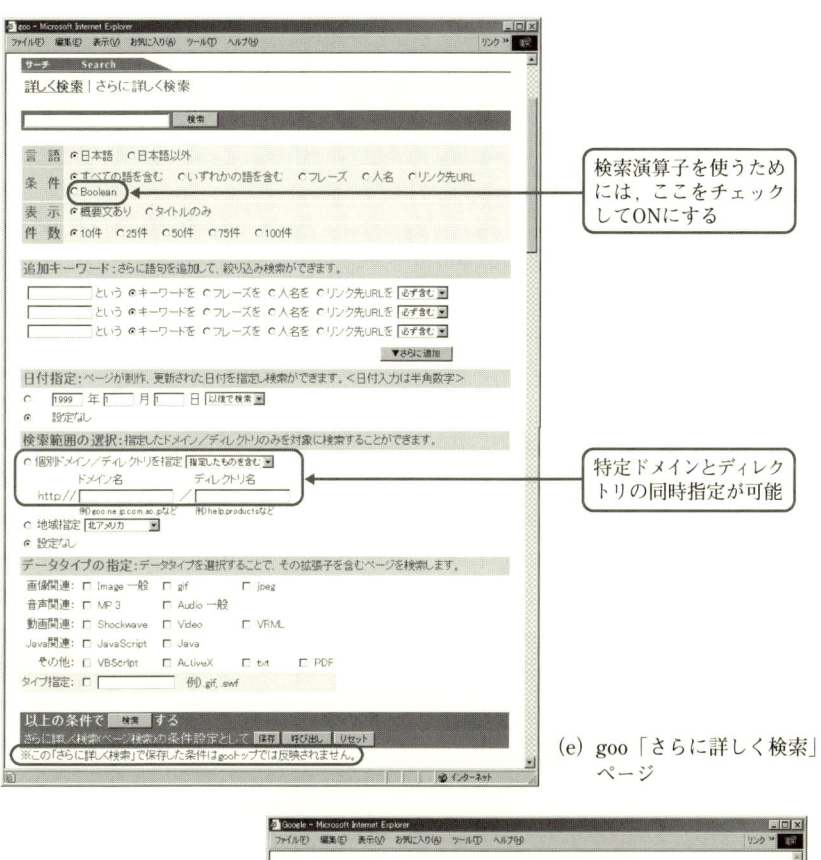

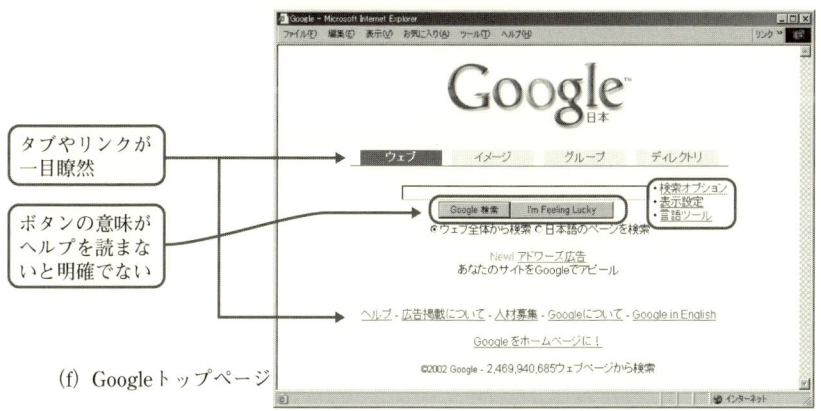

(e) goo「さらに詳しく検索」ページ

検索演算子を使うためには，ここをチェックしてONにする

特定ドメインとディレクトリの同時指定が可能

タブやリンクが一目瞭然

ボタンの意味がヘルプを読まないと明確でない

(f) Googleトップページ

図 5.2 検索エンジンの比較（つづき）

5.3 検索エンジンの評価

絞りこみ検索機能が
1ページにおさまる
ようにまとめられて
いる

(g) Google「検索オプション」
    ページ

正しいスペルでの
検索が提案される

(h) Google 検索結果

簡単なヘルプが同画面上
にありわかりやすい

(h) infoseek「マニアック検索」
    ページ

(j) infoseek「初期設定」ページ

図 5.2　検索エンジンの比較（つづき）

90　第 5 章：検索システムの評価

結果表示のソートが可能

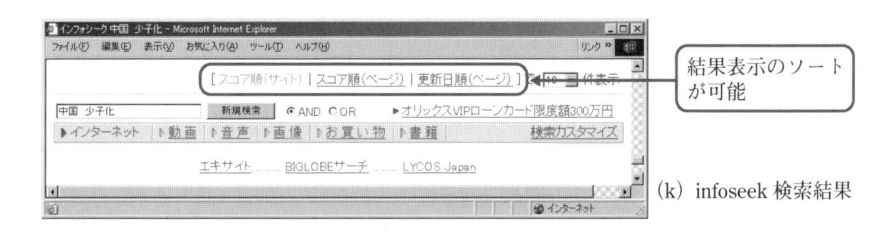

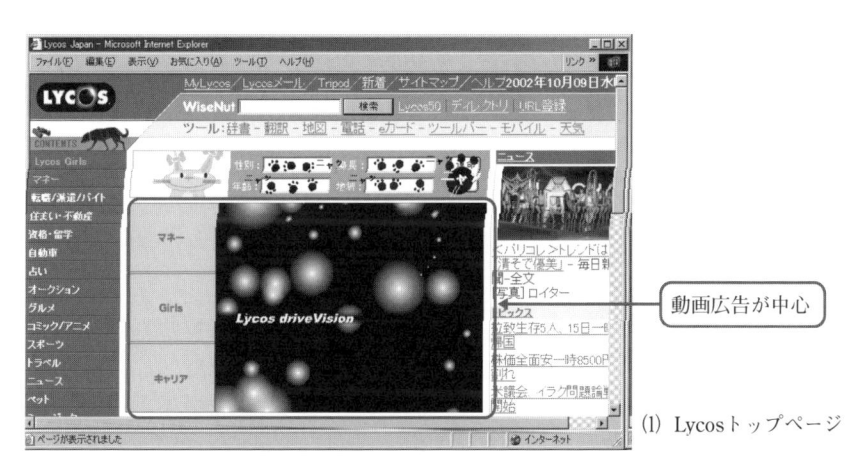

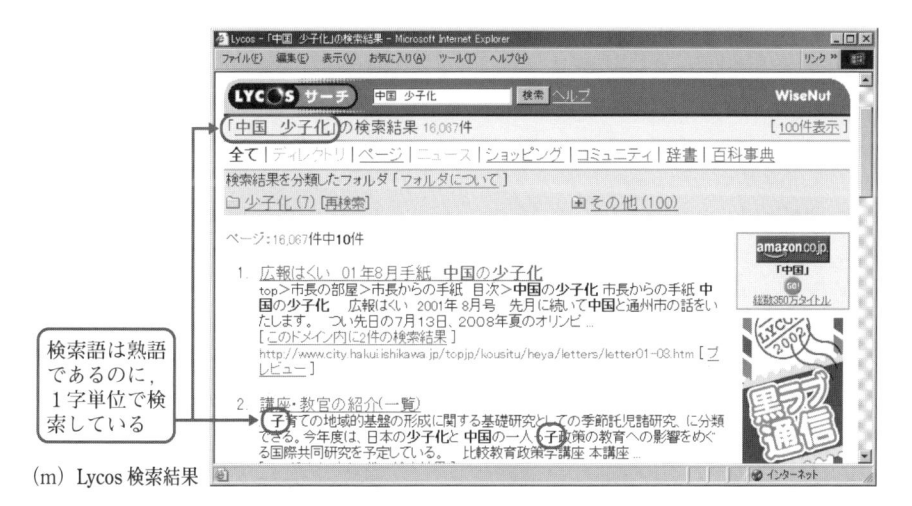

(k) infoseek 検索結果

動画広告が中心

(l) Lycos トップページ

検索語は熟語であるのに，1字単位で検索している

(m) Lycos 検索結果

図 5.2　検索エンジンの比較（つづき）

5.3　検索エンジンの評価　91

ことが必要である。なぜならば，全体として点数が高い検索エンジンでも，必要としている機能が充実していなければ利用する価値が低いからである。

5.4　評価方法の指導

　司書教諭は，検索エンジン評価手法の発想と技術を，業務において実践するだけでなく，児童・生徒向けにアレンジし，情報活用能力育成の一環として教育課程に供する役割を担う。司書教諭は読書指導を通じて児童・生徒自身の選書の目を育成するように，学習に必要な検索ツールのひとつである検索エンジンについても，与えられたものを効果的に利用し，さらに児童・生徒自身が選択するといった力を指導する役割があるといえる。

　指導の方法としては，第4章の検索指導や第6章のインターネット情報評価指導に組み込み指導するか，教科の指導でインターネットを使う際に組み込むのが自然であろう。具体的には，授業の目標と検索エンジン評価項目の重要概念を統合させたワークシートを作成しておき，次のようなプロセスで指導が可能である。

① 資料形態の違いによって使用方法や内容が異なることを説明する
② 検索エンジン2種類以上または，それに同種の文献資料を追加して実際に使用させる
③ それぞれの検索エンジンや文献資料を使って得た情報や感想をワークシートに文章で表現させる
④ 児童・生徒をグループに分け意見を交換させる，もしくは司書教諭か教科担当の教諭がワークシートを回収して，全体としてまとめたものを次回の授業で提示する

　ここでは，教科の指導の中に組み込む場合に用いることができるワークシート例を次項に示す。ちなみに，このワークシートは第4章の「検索戦略策定ワークシート」を修了したこと想定してある。

検索エンジン比較ワークシート

学年：＿＿ 組：＿＿ 氏名：＿＿＿＿＿＿＿＿

> 皆さんが調べものをするとき，本とインターネットでは，書いてある内容に違いがあるのでしょうか。また，インターネットで調べる場合，いろいろある検索エンジンには，違いがあるのでしょうか。このワークシートでは，それらの違いを考えながら，調べる内容によって，何を使うのが一番良いのかを検討してみましょう。

1. 今日の授業に関係して，あなたが調べたいことは何ですか？

2. 1について，今日授業で習ったことを書きましょう。

3. 1について，辞書や事典，参考書などではどのような説明が書いてありますか。使った資料の題と，内容のまとめを書きましょう。

    資料の題：①＿＿＿＿＿＿＿＿＿＿＿＿＿＿
    　　内容：　＿＿＿＿＿＿＿＿＿＿＿＿＿＿
    資料の題：②＿＿＿＿＿＿＿＿＿＿＿＿＿＿
    　　内容：　＿＿＿＿＿＿＿＿＿＿＿＿＿＿

4. 1についてもっとも重要な言葉ひとつを検索語として選び，次の3つの検索エンジンで検索してみましょう。そして，その結果ヒットした数を以下に記入しましょう。

    検索語：＿＿＿＿＿＿＿＿＿＿＿＿＿＿＿
    ヒット数：
    Goo（www.goo.ne.jp）：　　　＿＿＿＿件
    Google（www.google.co.jp）：　＿＿＿＿件
    Lycos（www.lycos.co.jp）：　　＿＿＿＿件

5. 4の検索語にもうひとつ検索語を追加して，検索エンジンに2つの語をスペースで分けて入力し，検索してみましょう。その結果ヒットした数を以下に記入しましょう。
    検索語：＿＿＿＿＿＿＿＿＿＿＿　＿＿＿＿＿＿＿＿＿＿＿
    Goo（www.goo.ne.jp）：　　　＿＿＿＿件
    Google（www.google.co.jp）：　＿＿＿＿件

　　　　Lycos（www.lycos.co.jp）：＿＿＿＿＿＿＿件

6．5の検索結果のうち，各検索エンジンの上位2つにくるウェブ・サイトを見てください。それぞれのウェブ・サイトの重要なページを印刷して，感想を書いてみましょう。あなたの質問に対して答えているページはありますか？
　　まったく関係のないウェブ・サイトばかりがヒットした場合，もう一度先生と相談して，検索語を選び直してやってみましょう。

7．6の結果で，一番役に立ったウェブ・サイト名とURL，それを見つけた検索エンジンの名前を挙げてみましょう。

　　　ウェブ・サイト名：＿＿＿＿＿＿＿＿＿＿＿＿＿＿＿＿＿＿＿
　　　URL：＿＿＿＿＿＿＿＿＿＿＿＿＿＿＿＿＿＿＿＿＿＿＿＿＿
　　　検索エンジン名：＿＿＿＿＿＿＿＿＿＿＿＿＿＿＿＿＿＿＿

8．7のウェブ・サイトでわかった内容を書き出してみましょう。

9．3の辞書や事典，参考書でわかったことと，ウェブ・サイトでわかったことには，違いがありましたか？　その場合，どちらの方がわかりやすかったですか？

5.5　有料検索システム評価への応用

　検索エンジン評価手法と評価項目は，有料検索システム導入の際にも応用が可能である。有料検索システムの中で，OPACシステムや特に高価な文献データベースを評価する場合は，本章第3節第2項に挙げたステップ②の情報収集を入念に行うことと，ステップ④の実施を可能にするための無料試用期間の交渉が不可欠となる。

　情報収集に際しては，価格やサポート体制，動作環境やネットワーク環境，システム更新の頻度やその際のサポートなども含め，長期間にわたるコストと機能に関する情報をすべて集める。また，すでに同システムを利用している他機関の中から，自館と同規模の図書館をもつ学校（機関）を選び，購入経緯，利用の実態を含めた利用者側の見地を直接入手することも有効である。評価に際しては，OPACは，業務用システムの一部分であるから，OPACの検索機能のみでなく，目録，収書，カウンター業務の機能性も同時に検討する必要がある[14]。文献データベースに関しては，同様の情報収集を行った上で，収録文献の内容や収録期間など，情報のコンテンツに関わるもの，索引（インデックス）の対象フィールドなどを評価項目に新たに付け加える必要がある[15]。

　そのほか，学校図書館で購入を検討する検索システムとしては，百科事典ソフトウェアが挙げられる。百科事典ソフトウェアの評価は，基本的な情報収集を行った上で，評価項目にマルチメディアへの対応，ウェブ・サイトとのリンクの有無，更新の容易性などを追加することで対応できるであろう。百科事典ソフトウェアの場合，インタフェースのデザインやマルチメディア機能の充実が検索エン

---

[14]　OPACのようなデータベースシステムの購入に際しては，次の文献が参考になる。Tenopir, Carol and Gerald Lundeen. *Managing your information : How to design and create a textual database on your microcomputer*, Neal-Schuman Publishers, 1988.
　　すでに古い出版物であるが，必要なステップや事項がほとんど網羅されている。

[15]　文献データベースのコンテンツ評価に関しては，次の文献が詳しい。Jacso, Peter. *Content Evaluation of Textual CD-ROM and Web Databases*, Libraries Unlimited, 2002.

ジン以上に重要であるため，児童・生徒に利用させ，感想を参考してもよいだろう。

5.6 司書教諭による検索システム評価の社会的還元

　本章では，検索エンジンを中心とする司書教諭による検索システム評価の必要性および実際のプロセスを論じてきた。このような検索システム評価のプロセスは一見面倒であるが，一度手法を身につけると応用が可能で非常に便利な知識・技術である。今後学校図書館業務において，有料・無料を問わず検索システムを評価し，有効に使い分けることは，図書館内外での児童・生徒の学習活動をサポートする上で必須になるだろう。さらに，司書教諭がユーザの代表として具体的なデータをもとに検索システムを評価し，その結果を検索システム製作者や他校の司書教諭と共有できれば，学校教育に関連のある検索システムの向上に貢献することにもつながるだろう。文献資料と違い，将来に向けて改良していくことが不可欠な検索システムに，積極的に司書教諭の観点を反映させることの重要性を強調しておく。

第6章 インターネット上の情報の評価

6.1 司書教諭の役割

　デジタル環境における司書の役割のひとつに,「雑誌論文や種々のレファレンス資料などを含めたデジタル・コレクションを築くこと」[1]がある。司書が従来の業務を通じて培ってきた情報の評価と管理についての知識に加え,さらにインターネット上の情報の評価と管理についての知識も深め,質の安定したウェブ・サイトを自館のコレクションの一部として提供することが今求められている。アメリカの図書館サイトでは,各館の利用者ニーズに合わせたウェブ・リンク集が充実している。デジタル環境において,コレクション形成,インターネットへのゲートウェイの提供という新しい役割・業務が,これまでの司書の使命の延長上にあるものとして受け入れられ,積極的な取り組みが行われてきた証しといえよう。図書館の役割のひとつである情報発信の観点からも,優れたウェブ・リンク集の作成は,現代の図書館に欠かせない作業といえる。

　また,司書教諭は,児童・生徒の情報活用能力育成のために,自らが情報の専門家として備えている知識・技術を生徒に伝授していくという使命も担っている。従来の図書館資料利用方法の指導と平行して,インターネット上の情報の評価と管理についても,情報活用能力育成の一環として取り組んでゆくことが求め

---

[1] Jacso, Peter. "What is digital librarianship?", *op.cit.*, pp. 54–55.

られている（第2章参照）。他の教員との連携により，カリキュラムにのっとった課題の中に情報評価という知識・技術習得を盛り込んで指導にあたる。自らが評価・厳選したウェブ・リンク集を通じて良質のウェブ・サイトとはどういうものかを児童・生徒に手本として示すことも，情報活用能力教育の一部と考えられるだろう。

　司書教諭によるウェブ・リンク集には，このほかにも第3章で推奨するインターネット利用ガイドラインを保護者や児童・生徒に提示する際に，学校図書館で使用するウェブ・サイトとして例示する用途も考えられる。有害情報への対策として，フィルタリングの導入が検討される傾向にあるが，その代替案として，子どもに安心して見せられるサイトを集めたグリーンスペースの創造や，ホワイト・リストの活用などが挙げられる。学校がこの選択肢を採用した場合，情報へのアクセスを保障する使命をもつ司書教諭は，グリーンスペース創造の中心になって働くことが期待される。

　このように現代の司書教諭が携わる諸業務および課せられた使命に，インターネット上の情報の評価スキルが必要不可欠となっている。そこで，本章では，まずインターネットの特徴を確認し，インターネット上の情報利用に情報評価が欠かせないことを明らかにした上で，情報評価の方法を論じる。そして，その技術を応用したコレクション形成，児童・生徒への情報評価の指導法について考える。

6.2　インターネットの特徴とその情報評価

　インターネットの特徴や利点・問題点を理解することにより，インターネットをより効果的に活用できるようになる。また，その知識は情報評価の必要性を理解するために欠かせない。そこで，まずインターネットの特徴を検証し，それに基づいてインターネット上の情報の評価基準を検討する。

1 インターネットの特徴

　総務省発行『平成16年版　情報通信白書』[2]によると，インターネットの人口普及率が60％を超え，利用者数は平成15年末で約7,730万人に達した。情報量に関しても，平成16年2月時点で，JPドメインだけで8,590万ページにのぼる。この利用者数，情報量ともに膨大なインターネットを利用するにあたっては，その特徴を理解した上で利点を生かしたい。

　インターネットでは誰もが自由に情報を発信できる上に，従来の印刷メディア媒体と異なり，流通する情報の多くが，出版前の校正作業や，図書館において司書が行っている選書作業に該当するような内容チェックを受けていない。情報発信から情報受信までの情報伝達のスピードは，インターネットの最大の利点のひとつであるが，内容チェック不在という状況を考えると，誤解やデマの流布のもとにもなり得る。このように，インターネットの利点は，利用方法を誤ると諸刃の剣となりうる問題点も含んでいるので注意したい。そこで，インターネットという情報源にみられる主な特徴の利点と問題点を表6.1にまとめた[3]。

　こうした利点・問題点を念頭に置いた上で，インターネット上の有益な情報を効果的かつ上手に取り出すために，どのような基準を用いて情報評価を行うと良いか，次に論じよう。

---

[2] 総務省『平成16年版情報通信白書』ぎょうせい，2002．
　ウェブからのアクセスは次のURLで可能［http://www.johotsusintokei.soumu.go.jp/whitepaper/ja/h16/index.html］（アクセス2005年4月11日）．
[3] 表6.1をまとめるにあたっては，次の2資料を参考にした．
・Greer, Toni, Donna Holinga, Christy Kindel, and Melissa Netznik. "Why Evaluate Web Information", An Educators' Guide to Credibility and Web Evaluation" ［http://lrs.ed.uiuc.edu/wp/credibility/page2.html］（アクセス2003年1月1日）．
・矢野直明『サイバーリテラシー』日本評論社，2001．

表6.1 インターネットの特徴，利点，問題点

利点	特徴	問題点
・情報量が飛躍的に増加 ・誰でも情報を発信できる	自由に情報発信できる環境	・発信する情報の種類・内容に関して，規則や標準が定まっておらず，情報の質が常に保証されるわけではない
	情報内容モニターの不在	・ポルノグラフィー，著作権侵害にあたるような情報などもフィルタリングされることなく流通している ・利用者の責任において，情報を選択する必要が出てくる
・最新情報が入手しやすくなった ・世界中の情報が即入手できる	情報伝達のスピード	・誤認情報なども瞬時に広まる
	情報発信源の偏り	・インターネットにアクセスできることが，情報発信の条件となっているので，国別・性別・職種別などで情報発信源に偏りがみられる
・必要な情報を効率よく取り出せる	検索エンジンによる情報探索	・ヒット回数の操作など，検索結果表示順を操作する技術が存在している ・検索結果の表示順が商業的要素などに左右されることがある
・さまざまな種類の情報が入手できる	情報種類の多様化	・情報発信者の視点・意図・信頼性・客観性を吟味する必要が出てくる ・エデュテインメント，インフォテインメントと呼ばれる，これまでは区別されていた「教育」と「娯楽」，「情報」と「娯楽」などの要素が混合する情報も大量に出現してきた
・検索機能，ハイパーリンクを利用することによって，必要な情報のみを取り出して利用者が情報を再構成できる ・レイアウトなど一部，ブラウザの機能を利用して，利用者の好みで変更できる	編集機能の一部が利用者の手にある	・重要な情報が受け手に伝わらない可能性がある ・断片的な情報から秘密・個人情報が再構築されてしまうおそれがある
・膨大な量の情報も，要約や省略せず，そのまま提供可能になった	緩和されたスペースの制限	・利用者の責任において，情報を選択する必要が出てくる

表6.1 インターネットの特徴, 利点, 問題点 (つづき)

利点	特徴	問題点
・情報の共有がますます進んだ ・インターネットに「開放性」「平等性」「自律性」がもたらされた	双方向性	・従来の組織体制などに混乱をきたす可能性がある ・情報の共有の仕方によっては, 著作権侵害などの問題も発生しかねない
・キャッシュ, 個人端末へのダウンロードなどにより, オリジナル消滅後にも情報にアクセスできる可能性が増した ・デジタルだとオリジナルと同質のデータが得やすい	情報のライフサイクルの変化	・オリジナルとそれ以外の情報を見分ける必要がある ・オリジナルの消去理由を知らないまま, キャッシュなどの情報を利用してしまうことがある
・匿名であることによって, 公開可能となった情報, 参加可能になる議論がある	匿名性	・匿名性を悪用した犯罪が出てきた ・利用者の責任において, 情報の信頼性を確認する必要が出てきた

2 インターネット上の情報の評価

　インターネットを取り入れたコレクション形成および情報評価方法の指導には, 情報評価の基準となる項目を挙げておき, そのひとつひとつを個々のウェブ・ページに照らし合わせて確認していくという丁寧な作業が求められる。評価基準項目としては多種多様なものが出回っており,「これこそが完全形」というものは存在しない。つまり, 用途と目的に合わせて, フォーマットや表現方法を選択, 工夫できるようになることが重要である。学年, 教科, 授業の進め方, 課題の内容なども考慮し, 応用できるようになりたい。図書選択や読書指導の際に参考としていた評価基準, 全国学校図書館協議会などの情報源[4]も参考にし, さまざまな角度から評価が行えるようにしたい。また, 技術の進歩などにより, 評価基準項目の見直しや更新が必要になることも覚えておきたい。

---

[4]　全国学校図書館協議会では,「コンピュータ・ソフトウェア選定基準」や「図書選定基準」「学校図書館図書廃棄基準」など, 図書館資料の選定のためのさまざまな基準を出している。メディアの違いを超えて, 学校図書館に必要な資料の選定基準, 学校カリキュラムに則した基準ということで, おおいに参考にしたい。また, 2004年以降,「情報・メディアを活用する学び方の指導体系表」「ホームページ評価基準」などの基準も加わった。

（1） 情報評価基準項目

　インターネット上の情報として，ウェブ・サイト，電子メール，チャットなど，形態の異なるものがいくつか存在するが，ここでは学校図書館で利用するインターネットの代表として，ウェブ・サイトの評価基準について，考えてみる。基準項目とそのチェックポイントを表6.2としてリストアップした。ここでは，参考のためできるだけ網羅的に項目を集めてあるので，これに手を加えて活用していただきたい。また，これを用いて実際にウェブ・サイトを評価した例を一番右の列に示しておく（後述．図6.2参照）。以下，まず評価のチェック・ポイントを具体的に説明しよう。

A　情報発信者・作者

　情報発信者・作者についての情報は，情報の正確性・信憑性の判断材料として，最重要項目のひとつとなる。自館の情報ニーズにあった情報かを見極める手がかりにもなるだろう。ウェブ・サイトの情報発信者情報の確認は，次のようなポイントを確認する。

- **ドメイン名**　ウェブ・サイトの住所ともいえるURLのドメイン名を見れば，情報発信者の所属をある程度までたどることが可能である。組織種を表す属性型JPドメイン，地域型JPドメイン，汎用JPドメインなどの違いからも情報を読み取るよう努める（図6.1）。
- **作者プロフィール**　「著者紹介」「作者について」といったページが用意されていれば，チェックしてみる。履歴書・職歴や業績リスト，著作リストな

http://www.aiueo.co.jp
↑
属性型JPドメイン

属性型JPドメインの意味			
ac	大学	or	団体
co	企業	lg	地方自治体
go	政府機関	ed	幼稚園・保育園 小中高校など
ne	ネットワーク		

図6.1　ドメイン名

どから，専門分野での活動や認知度がわかる。
- **連絡先**　ウェブ・サイトの情報に関して，疑問や不明な点があった場合，作者にメールで質問できるようになっているかチェックする。使い捨てが容易な無料メールアカウントも数多く存在しており，メール・アドレスだけでは，匿名性が払拭できない場合がある。メール・アドレスだけでなく，著者や団体の住所や電話番号も公開されているか，忘れずに確認する。
- **引用検索**　Googleなどの検索エンジンで，引用検索機能（リンク検索とも呼ばれている）を用いると，その情報が同分野内でどのような評価を受けているかを知ることができる。他のウェブ・サイトで引用・紹介されている回数，誰に引用されているか，引用先のリンク集でどのように紹介されているか，などを見る。
- **書評・推薦文**　インターネット，新聞，雑誌でどのような評価がされているか，日頃から有用なウェブ・サイトや専門家についての情報を集めておく。

B　情報の内容

情報発信目的，トピックのカバー範囲，掘り下げ方，時間的カバー範囲（情報の最新度も含む）について把握する。正確性，客観性，読者層の設定なども検証していく。次のようなポイントについて調べることが重要である。

- **情報のバージョン**　印刷メディアからの転載の場合，すべてを掲載せず，抜粋や要約の形での掲載を行っていることがある。ウェブ版では，印刷メディアより古い版やバックナンバーのみを掲載していることもありうる。バックナンバーへのアクセスが課金制，ユーザ登録制になっているサービスも見受けられる。必要とする情報が充分に得られるか，自身の情報ニーズにあっているか，などを確認する。
- **日付**　まず，ウェブ・サイト作成に用いた編集ソフトウェアあるいは情報発信者のどちらが付与した日付なのか確認する。情報発信者が内容更新と見なさないような誤植の訂正なども，ソフトウェアによって更新と記録される場合が考えられる。また，印刷メディア以上に，情報のライフサイクルが複

雑なので，与えられた日付の意味をよく考える必要がある。掲載日は，文書が書かれてすぐウェブ・サイトに載せられた日なのか，過去に作成された文書をウェブ・サイトに掲載した日なのか，更新日とは文書そのものに何らかの修正がされた日なのか，新しい機能や文書が追加された日なのか，情報タイプや情報の使い道によって区別する必要があるだろう。

- **情報の種類**　　ウェブ・サイトには，画像，動画や音声をふんだんに利用し，娯楽要素を加味したものが多く存在する。そうした情報は，エデュテインメント，インフォテインメントと呼ばれている。企業からマーケティングを意図した情報発信も目立つ。デマや虚偽情報を流布するウェブ・サイトも，多数存在する。手にした情報が，どのような意図をもつものなのか，情報の種類を区別することで，客観性や偏見の有無などの判断がしやすくなるだろう。
- **誤字・脱字**　　誤字・脱字が多いサイトは，校正作業を行っていない可能性が高い。正確性を見極める判断材料のひとつとしてチェックする。
- **典拠情報**　　ウェブ・サイトで引用している情報の典拠を明らかにしているかを確認する。
- **構成**　　画像や音声などを，情報の内容をよりわかりやすいものにするために効果的に利用しているか，タイトルや見出しなど，内容をわかりやすく伝えるために利用しているか，わかりやすい文章か，などをチェックする。

C　アクセス

一般的なポイントに加えて，学校図書館という環境，学習目的での使用，授業での使用に適したサイトかの条件もチェックする。第5章の検索エンジンの評価項目と通じるところもあるので，参考にされることをお勧めする。

- **アクセス**　　有料か，無料かをまず見る。安定していないサーバに置かれていて常時アクセスが保証されていないサイト，大人数でアクセスできないサイトを見分ける。こうしたサイトは，学校図書館において，大人数で限られた時間内に使用するのには向かない。また，情報にアクセスするために個人情報の開示が必要なサイトは，プライバシーや安全性の問題も絡んでくるた

め注意が必要である。
- **ダウンロード**　容量が大きくダウンロードに時間がかからないか，新たにソフトフェアやプログラムをダウンロードする必要がないかを確認する。

D　ナビゲーション

このカテゴリーでも，第5章の評価項目に共通する項が多くあるので，参照していただきたい。

- **レイアウト**　文字の種類・大きさ，配色・デザイン，全体のレイアウトが使いやすいものかチェックする。
- **ナビゲーション**　書籍では，目次や索引から，情報がどのように構成され，読者に提示されるかを知ることができ，必要な情報を取り出すことができる。リンクによって，情報を自由に展開していくことのできるウェブ・サイトでも，その利点を生かすため，利用者が情報の迷路に入り込まないようナビゲーションの工夫がされていなくてはならない。フレームをうまく活用する，サイト内検索エンジンを用意する，正しいリンクを提供する，サイトマップを用意する，「元へ戻る」「TOPへ」「HOMEへ」といったアイコンを配置する，URLでわかりやすいファイル名が使われている，などの点をチェックする必要がある。

ここで，表6.2の「評価結果」欄について見てみよう。これは，総務省作成の『情報通信白書 for Kids（2002年度版）』[5]を，学校図書館のウェブ・リンク集に加えるかどうかという視点で評価したものである。良い点に○，悪い点に×，中間に△，該当しないものにはN/Aを記入し，コメントを付した（評価日：2002年9月18日）。

総体的評価としては，全体的に見て，小・中学校でITやインターネットに関するレファレンス・ガイドとして，ウェブ・リンク集に追加することに問題ない。子どもの興味を誘う作りになっている。ダウンロードに少々時間がかかるよ

---

[5] 2002年版を評価。2005年4月11日現在，http://www.kids.soumu.go.jp/でアクセス可能なのは，2004年版となっている。

うなので，図書館のパソコンでテストしてみる必要がある。クイズやゲームに効果音が使われており，完全に OFF にできないので，この点も念頭に置いておく。放送・郵便についての情報へ少々たどりつきにくいので，「メディア・ミュージアム」セクションへの誘導が必要と思われる。

（2） 情報評価基準項目の見直し・更新

インターネットを取り巻く環境や技術は，日々進歩し，変化している。最新情報にアンテナをはって，前項で見てきた評価基準項目の必要性を見直したり，新たな項目を検討する必要がある。

ドメイン名を例として，考えてみよう。2001 年 2 月より汎用 JP ドメイン名の登録が開始された。汎用 JP ドメイン名とは，個人・組織の別を問わずに登録でき，これまでのように情報発信者の所属組織を示す co，ac などを用いないというものである。汎用 JP ドメイン名の特徴には，次のようなものが挙げられる。

- 「○○○.JP」のように短いドメイン名
- 一個人または一組織で複数のドメイン名を取得可
- ドメイン名に日本語を使用可
- 日本国内に在住する個人，または，拠点を置く組織であれば誰でも登録可

この汎用 JP ドメイン名を用いているサイトを学校図書館で使う場合，情報発信者の確認をドメイン名に頼り切ることはできない。

ドメイン名使用方法の再検討は，世界的にも行われており，2002 年に米国 RegistryPro 社が専門職向けの「.pro」の採用を発表したが，2004 年 6 月にいよいよその登録が開始された[6]。「.pro」ドメイン申請は，専門職の資格証明が条件となっており，医師・弁護士・会計士などを対象としている。こちらは，ウェブ・サイト情報の信頼性がドメイン名によりさらにわかりやすくなる例といえる。

また，学校での利用を考えると，ダウンロード時間やアクセスに関する視点か

---

[6] RegistryPro. "New .Pro Internet Registry Protects Consumers' Online Communication with Doctors, Lawyers, CPAs" [http://www.registrypro.pro/pressroom/newsdisplayc.php?release=2004-06-01]（アクセス 2005 年 4 月 11 日）.

らウェブ・サイトを検証する必要があるが，技術が進歩すればその条件が緩和されることも考えられる。ADSL やケーブルテレビ回線などを利用したブロードバンド化が現在進んでおり，常時接続も珍しくなくなってきた。横須賀にあるキニック（Kinnick）高校学校インフォメーション・スペシャリストのジャネット・マーレー（Janet Murray）作成の評価表では，現にアクセスに関する項目が省かれている[7]。ダウンロードにかかる時間をそれほど意識しなくてもよくなったことを反映したものである。

　ブラウザの改良，新たな補助ソフトウェアの登場などにより，利用者にさらに情報再構成の機会が与えられることも考えられる。技術の進歩・改良に合わせて，評価基準の選択も柔軟に対応していくことが望ましい。

---

[7] Murray, Janet. "Evaluating World Wide Web Pages" [http://www.surfline.ne.jp/janetm/webeval.html]（アクセス 2005 年 4 月 11 日）．

表 6.2 情報評価基準項目

評価エリア	評価基準	チェックポイント	評価結果
A 情報発信者・作者	① 情報発信者名の有無	文書の作者	○ 「このホームページについて」で著作権が総務省にあることが明記されている
		ウェブ・サイトの作者	○ 同上
		出版社などの組織名	○ 同上
	② 情報発信者の所属団体	作者プロフィール	× 総務省についての解説ページはない
		ドメイン名：所属団体・大学など	○ URLは政府機関のサイトであることを指すgoである
	③ 情報発信者の学歴・経歴・業績	作者プロフィール	×
		引用検索	○ Googleのリンク検索を行ったところ，小学校やIT関連企業のサイトからリンクされている
		書評・新聞など	N/A
	④ 情報発信者の連絡先	電子メール	○ 「ご意見・ご感想はこちらまで」として，問い合わせ窓口が用意されている
		郵送住所	×
		電話番号	×
	⑤ 情報発信者の認知度・評判	引用検索：引用回数，引用者	○
		書評・新聞など	N/A
B 情報の内容	⑥ 主題	主題がはっきりしているか	○ 「情報通信白書」とタイトルで明言されている
		独創性があるか	○
	⑦ 情報の発信目的	情報発信目的が明記されているか	○ トップページに明記されている
	⑧ トピックの範囲	トピックの掘り下げ方	○ 情報通信関連の入門ガイド的知識が広く集められている

表6.2 情報評価基準項目（つづき）

評価エリア	評価基準	チェックポイント	評価結果
B 情報の内容	⑧ トピックの範囲	転載，抜粋，版表示など	N/A
	⑨ 時間の範囲	最新更新日時	○ トップページに明記されている。更新履歴もともに提供されている
		バックナンバーの有無	× 前年の白書へのリンクはない
		トピックの時代区分	○ IT関連など現代の情報が多い
	⑩ ウェブ・サイトの作成日・更新日	情報のライフサイクルのうち，どの日付が明記されているか。文書作成日，ウェブ掲載日，ウェブ更新日など	○ 新しい情報がウェブ・サイトに掲載された更新履歴が残っている
		作者による日付かソフトウェアによるものか	○ 管理者によるものと思われる
		更新サイクル	○ 更新履歴を見ると1ヶ月に1度の割合で，新しい内容が追加されている(2001年版の評価結果より)
	⑪ 利用対象者・レベル	対象利用者層の有無	○ 「小中学生向け」と明記されている
		語彙レベル：専門用語	○ 用語集のページが設けられており，専門用語の解説がされている。よって，他のページでは専門用語を置き換えたりすることなく，そのまま使用している
		漢字の使い方	○ 漢字にはふりがながふられている
		流行語・俗語の使用など	○ 口語体や関西弁を用いて，おもしろみを加えてある点がより小学生向きか？
		文章レベル	○ 非常にわかりやすい
	⑫ 構成	画像・音声の使い方は的確か	× クイズやゲームで効果音が使われており，オフにでき

表6.2 情報評価基準項目（つづき）

評価エリア	評価基準	チェックポイント	評価結果
B 情報の内容	⑫ 構成	画像・音声の使い方は的確か	ない。マスコットの画像が少々多すぎる。アニメーションが多く使われている
		文章レベル	○
		見出しや段落構成がうまく使われているか	○ 各セクションごとに紹介するトピックが目次化されている
	⑬ 情報の種類	事実，データ，広告，エンターテインメント，意見など	事実・データが中心となっているが，エデュテインメント，インフォテインメントの要素が強い
	⑭ 正確性	事実チェック：他の情報源と比較	○ HTMLの説明やドメイン名の説明など誤りは特に見られなかった
		誤字・脱字の有無と程度	○ 特になし
		著者の専門	○
	⑮ 情報の出典	転載の場合：元の資料について	N/A
		他の文書の引用：引用元	○ データやグラフの情報源がきちんと明記されている
	⑯ 偏見	扇動的表現	○ 特になし
		差別表現	○ 特になし
		情報発信者の所属組織や立場	官庁のサイトなので，電子政府計画など政府の方針を肯定的に説明したページが含まれる
	⑰ バランスの取れた視点	多角的に論議されているか	N/A
		議論展開の立場	N/A
	⑱ 首尾一貫性	情報の内容が首尾一貫しているか	○ 一貫して，情報通信に関する内容となっている
		主題から離れていないか	○

表6.2 情報評価基準項目（つづき）

評価エリア	評価基準	チェックポイント	評価結果
C アクセス	⑲ 無料・有料	無料か有料か	○ 無料
		課金方法	N/A
	⑳ 複数アクセスの可否	アクセス数制限の有無	N/A
	㉑ 安定したアクセス	混雑する時間帯	N/A
		メンテナンス時間帯	N/A
		サーバ・エラーが頻発しないか	N/A
	㉒ 個人情報の開示・同意書の必要性	個人情報の入力が必要か	N/A
		同意書の確認が求められるか	N/A
	㉓ ダウンロード所要時間	許容範囲か	× アイコン，マスコットなど画像が多用されているので多少時間がかかる
	㉔ 必要なソフトウェア	必要なソフトウェアの版を確認	○ 「このホームページについて」で説明されている
		ソフトウェアをダウンロードする必要があるか	クイズに，Flash Player が必要。無料でダウンロードできるリンク先が紹介されている
D ナビゲーション	㉕ サイトのレイアウト	情報の配置	○ 1ページごとの文章の量や情報量は，ガイド向きに押さえぎみでわかりやすい
		フォント・サイズ	○ 高学年には少々大きすぎるが，ブラウザで調節可能
		配色	○
		画像の使用方法	△ マスコットのイメージが多用されている
	㉖ サイト内のナビゲーション	フレームの活用	N/A
		サイト内検索エンジンの有無	○
		サイト内リンクの正確性	○ 評価中に無効リンクは見られなかった
		サイトマップの有無	○

表6.2 情報評価基準項目（つづき）

評価エリア	評価基準	チェックポイント	評価結果
Dナビゲーション	㉖ サイト内のナビゲーション	「元へ戻る」「TOPへ」「HOMEへ」といったアイコン・リンクの有無	△ トップページへ戻る，各セクションの目次へ戻る，などのアイコンが用意されている。サイトの下部にあるため，スクロールする必要がある。アイコンの大きさがまちまちなので，見つけにくいものがある。スライド・ショーでアイコンの位置が変わるので，煩わしい。別ウィンドウでのプレゼンテーションが終わっても，ウィンドウを閉じるためのアイコンは表示されない
		URLからファイル構成が読み取れるか	○ 英単語も使用されているが，わかりやすい構成になっている
	㉗ リンクの有効性	リンク集のメンテナンス	N/A

* ○：良い，×：悪い，△：中間，N/A：該当しない

⑥主題，⑦情報の発信目的，⑧トピックの範囲：「タイトル」と「説明文」から，このウェブ・サイトの主題と目的，トピックを知ることができる

㉖サイト内のナビゲーション：「サイト内検索エンジン」と「サイトマップ」および，調べ方についての「ヘルプ」が用意されている

⑪利用対象者・レベル：小中学生向けと明記されている

①ウェブ・サイトの作成日，更新日：トップページ上部に「最終更新日」が提示されており，下部の「最新情報」でその更新内容がすぐにわかる。「これまでの更新履歴」を見れば更新頻度もわかる

①情報発信者名の有無：著作権表示が各ページ下部に見られる

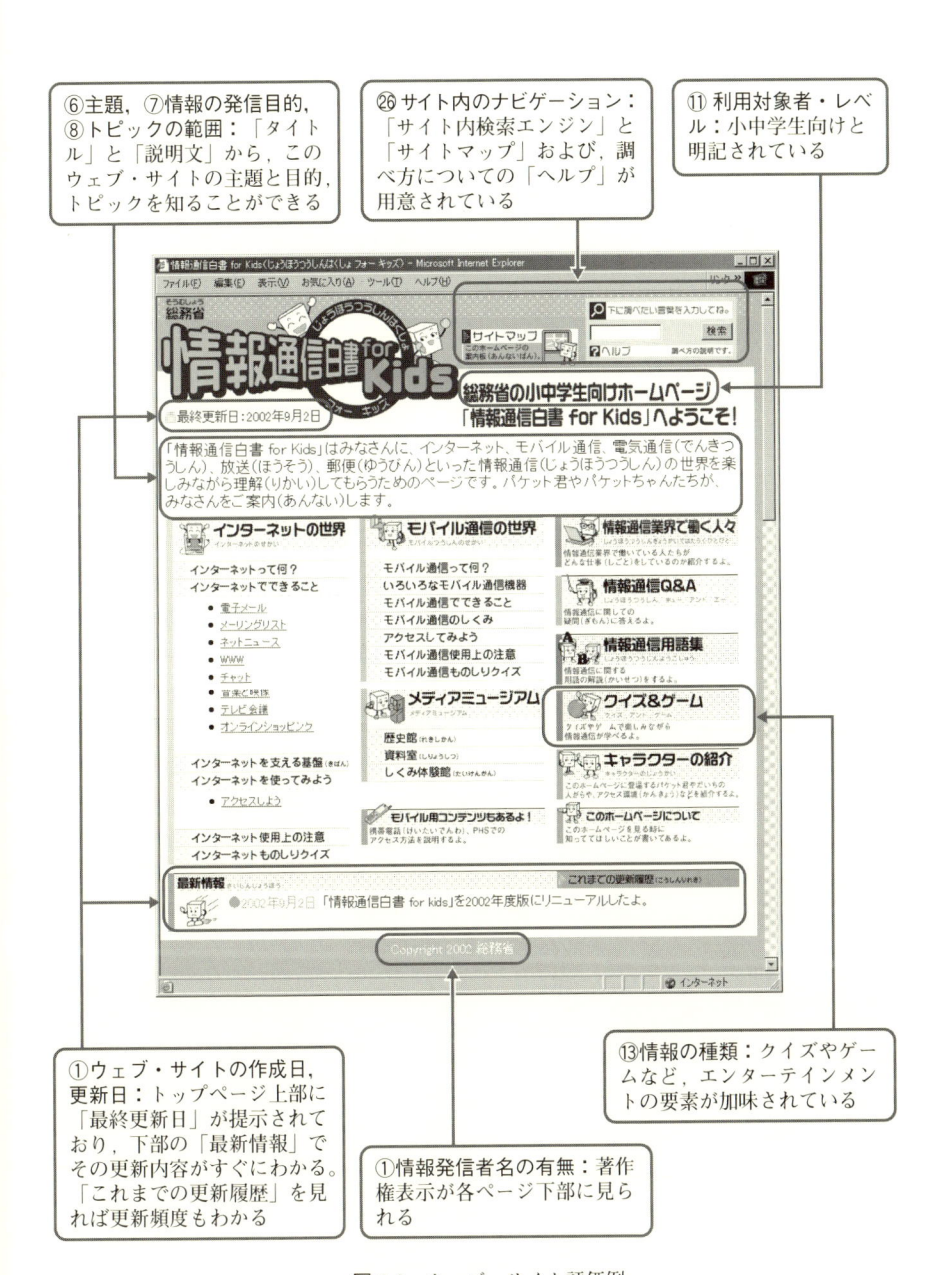

⑬情報の種類：クイズやゲームなど，エンターテインメントの要素が加味されている

図 6.2　ウェブ・サイト評価例

6.2　インターネットの特徴とその情報評価　　113

①情報発信者名の有無，④情報発信者の連絡先：「著作権」は総務省が有することを明白に断っている。また，問い合わせ用「電子メールアドレス」が用意されている

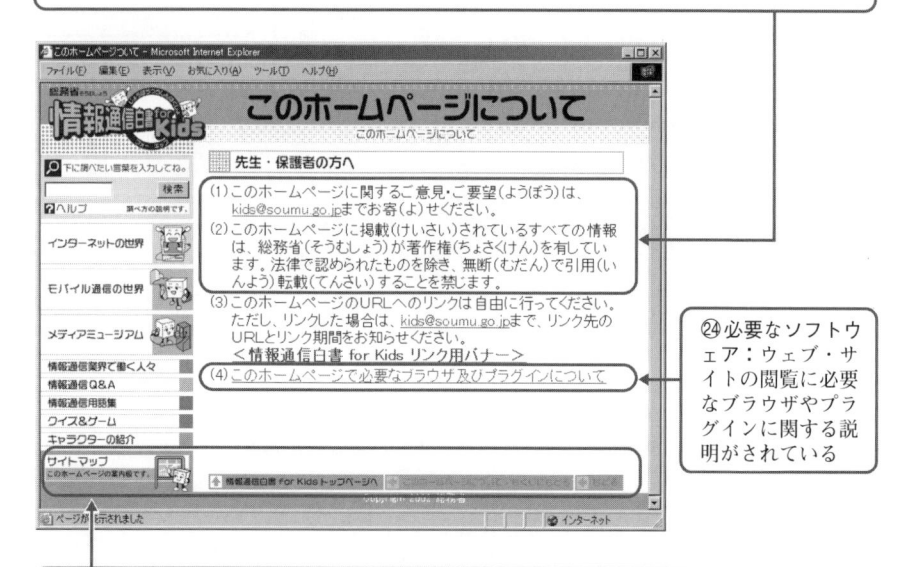

㉔必要なソフトウェア：ウェブ・サイトの閲覧に必要なブラウザやプラグインに関する説明がされている

㉖サイト内のナビゲーション：「サイトマップ」に簡単にアクセスできるよう，各ページの左端下部に常にアイコンが用意されている。サイト間をナビゲートする「アイコン」が各ページ下部に用意されており，クリック可能なアイコンのみ文字がハイライトされる工夫が見られる。これらのアイコンを使うために，スクロールが必要な場合があるので，ページ上部にも同じアイコンがあればさらに良い

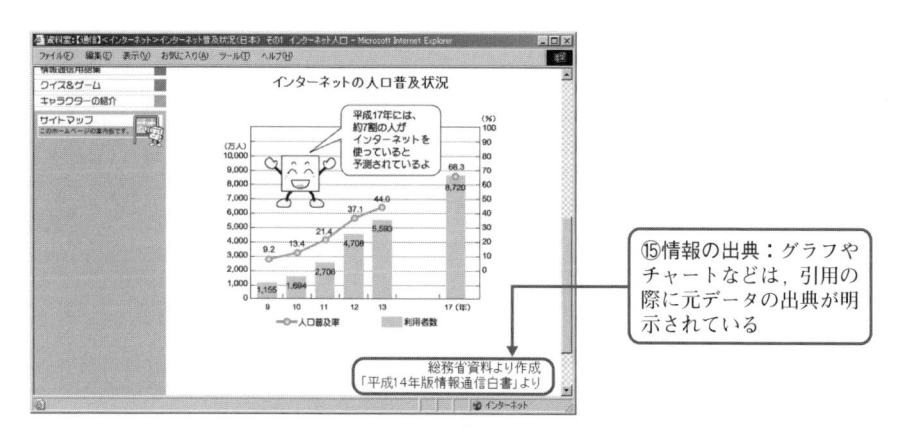

⑮情報の出典：グラフやチャートなどは，引用の際に元データの出典が明示されている

図 6.2　ウェブ・サイト評価例（つづき）

第6章：インターネット上の情報の評価

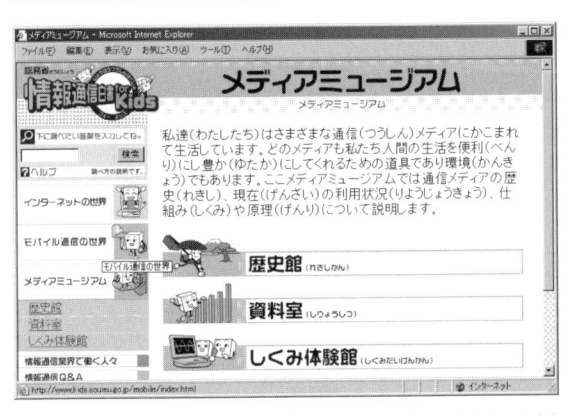

図 6.2 ウェブ・サイト評価例（つづき）

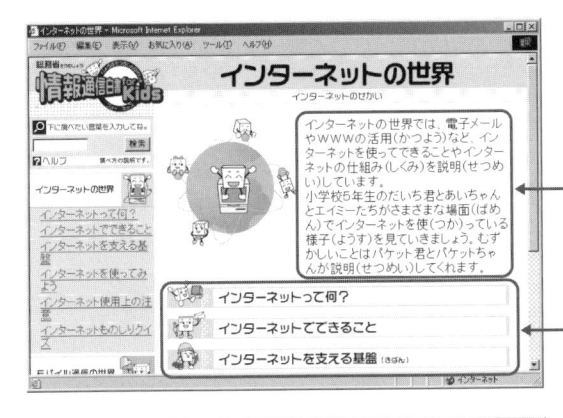

⑪利用対象者・レベル：「漢字の使い方」を見ると，設定利用対象者である小中学生に合わせて，ふりがなを使うなどの配慮がされている。「文章レベル」もやさしい

⑫構成：各セクションごとに紹介するトピックが目次化され，わかりやすく整理されている

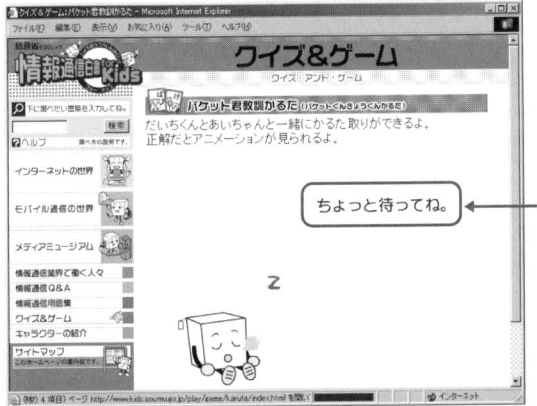

㉓ダウンロード所要時間：画像が多いので，ダウンロードにかかる時間に注意したい。特にゲームやクイズなどは時間がかかるが，"ちょっと待ってね。""Now Loading"などのメッセージが出るように工夫されている

⑧トピックの範囲：一見インターネットに関する情報が中心のサイトのように見えるが，その他の情報通信メディアについてもさまざまな情報を得ることができるので，ウェブ・サイト紹介文でこうした情報へのリンクを別に設けるなど，情報への誘導方法を考えたい

6.2 インターネットの特徴とその情報評価

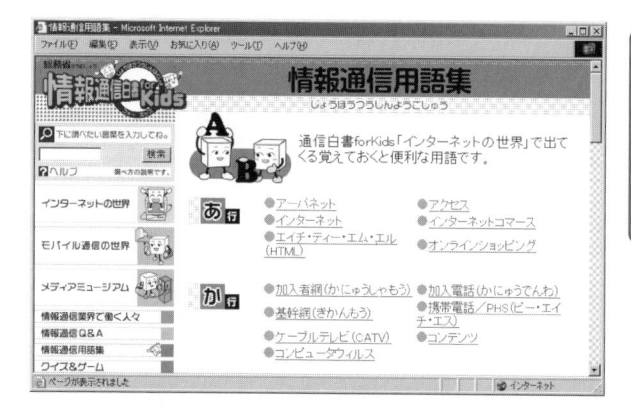

⑪利用対象者・レベル：用語集のページが設けられており，専門用語の解説がされている．よって他のページでは，専門用語を置き換えたりすることなくそのまま使用している

⑧トピックの範囲，㉖サイト内のナビゲーション：「サイトマップ」を見れば，どのようなトピックがカバーされているか知ることができる．また，サイト内のナビゲーションを助けている

図 6.2　ウェブ・サイト評価例（つづき）

6.3 インターネット上の情報の評価技術を利用した業務・サービス

　司書教諭は，以上のようなインターネット上の情報の評価基準項目を用いて，ウェブ・リンク集の作成や情報評価方法の指導を行い，児童・生徒の学習を支援し指導する。以下，それぞれの業務について，特に注意すべき点を述べておく。

1　ウェブ・リンク集

　司書が情報評価能力を駆使し，評価・厳選したウェブ・サイトを，図書館コレクションの一部として利用者に提供できるようまとめ，整理したものが数多く作られている。ウェブリオグラフィ，ブックマーク，インフォメーション・ゲートウェイ，リンク集，ポータル・サイトなど，その呼び方，規模，形態はさまざまだ。リンク集の作成は，デジタル・コレクション形成の一部とも考えられるものであり，児童・生徒，教職員のためのリンク集の作成・充実は不可欠である。

　オレゴン大学のデジタル・コレクション形成方針では，ウェブ・リンク集作成の目的を次の3点に集約している[8]。

① 有益なウェブ・サイトを知らしめ，最大限に利用されるようにする
② 数ある検索エンジンを利用しても探し出せないような有益なウェブ・サイトにもアクセスできるという付加価値を生み出す
③ 従来の図書館コレクションに存在する資料の形式を広げ，質の向上を図る

　これに加えて，学校図書館では，児童・生徒を日頃から質の高いウェブ・サイトに慣れ親しませ，見本を示す意味でも，ウェブ・リンク集を作成する意味は大きい。

---

[8] Pearlmutter, Jane. "Which Online Resources Are Right for Your Collection?", *School Library Journal*, 1999. 6, pp. 27-29.

（1） ウェブ・リンク集の収集方針

　ウェブ・リンク集は，学年・年齢別，単元別，科目別など切り口をさまざまに工夫できる。図書館のコレクションの一部として，利用にたえうるリンク集にするためには，通常の資料選択・廃棄業務を行う際と同様に，ある程度の目的・目標設定と選択・収集方針を決めることが重要であろう。ウェブ・リンク集の代表的なものといえる Librarians' Index to the Internet[9] でも，全体の収集方針（Selection Policy）を明確にし，ジャンルごとにさらに詳しく注意点や方針，評価基準が定められている。

　収集方針の意義については，『児童サービス論』で次のようにまとめられている[10]。

　① 成文化によって方針が明確に記録され，受け継がれて，担当者の交代などがあっても一定の方針が貫かれること
　② 関係機関や利用者にも図書館の方針が正確に伝えられ，徹底させることができること
　③ 担当者自身も，時日の経過とともに安易に考えを変えたり，時流に押し流されたりしないよう，つねに足元を振り返る支柱とすることができること

　メディアが異なっても，成文化された方針の効用は変わらない。ウェブ・コレクションの形成も，図書コレクションの場合と同様に，長期的な視野・態度で取り組む必要があり，きちんと整った収集方針をもつことの意味は大きい。細かい評価基準の設定以外にも，次の「心得」のような点も，各図書館の特徴・ニーズに合わせてアレンジしながら，盛り込んでゆくと良いだろう。

（2） ウェブ・リンク集作成時の「心得」

　実践女子大学図書館の伊藤民雄は，「リンク集作成の心得：最適なものを選択し，見つけやすく，導きやすくする」として，次の6点を挙げている[11]。

---

[9] Librarians' Index to the Internet [http://lii.org/]（アクセス 2005 年 4 月 11 日）.
[10] 赤星隆子「児童図書館資料の選択と組織」，辰巳義幸編著『新現代図書館学講座 12　児童サービス論』東京書籍，1998，p. 88.

⓪　業務に役立つことから始めよ
①　良質の参考書，教科書を見つけよ
②　仮想敵，目標を設定せよ
③　同類を集めて，限界点を見つけよ
④　表現方法を工夫せよ
⑤　紙にまとめよ

ウェブ・サイトを個別に評価するだけでなく，コレクション形成や利用方法の全体像をとらえた作業を行うために，大変重要な視点であるといえよう。

（3）ウェブ・リンク集のPR

　ウェブ・リンク集をPRする手段としては，伊藤が試みているように，紙媒体の冊子体を活用するのも良いだろう[12]。伊藤の指摘するように，コンピュータより紙媒体が利用しやすいと考える人々も存在し，長文でより具体的で丁寧な説明が可能になるという利点が考えられる。加えて，コンピュータ台数の制約，時間的制約，利用者のコンピュータ習熟度なども考慮した，ウェブ・リンク集の認知度を高めるのに効果的な手段といえる。学校，学校図書館という環境を考えると，学内の児童・生徒および教職員のみでなく，保護者やその他コミュニティ関係者に，学校図書館の活動を知らしめる良い手段となるだろう。

（4）使いやすいウェブ・リンク集の条件

　どのようなウェブ・リンク集のレイアウトが利用者に使いやすいか考える際には，紙媒体とウェブ・サイトで多少の違いは出てくるが，司書教諭になじみの深い「良い選定書目の条件」[13]が参考になるだろう。
①　序文で編集の意図，選択の方針が明確に示されているもの

---

[11] 伊藤民雄「インターネットで文献探索：情報資源の組織化をめざして」2000［http://plng.p.u-tokyo.ac.jp/text/PLNG/ito.html］（アクセス2002年10月1日）．
[12] 伊藤民雄，前掲．
[13] 赤星隆子，前掲，p.100．

② 評価基準が明記されているもの
③ 編集者・責任者などの分担がはっきりと記されているもの
④ わかりやすく配列されており，それがその書目の目的に合致しているもの
⑤ 解題がきちんと書かれているもの
⑥ 書誌データが漏れなく記載されているもの
⑦ 索引が検索者の要求に応じられるように完備しているもの
⑧ 収録点数が500から700を越えるときは，星印の数などによって優先順位が示されているもの

　ウェブ・サイトの紹介文は，書評と同じ要領で書くとよい。書評は，欠点もきちんと指摘し，類似資料と比較した上で特徴や長所について説明し，読者の資料選択の参考になるものでなければならない[14]。評価基準項目と照らし合わせて，特筆するべき点も紹介文に含める。表6.2のウェブ・サイト評価例のように，利用者に特に知らせる必要のある点を評価の際にコメントとしてメモしておくと良いだろう。

2　情報評価の指導

　ウェブ・サイトの情報の評価を指導する場合，まずインターネットのもつ特徴と情報評価の基準項目を理解させることが基本となる。ただし，項目は細かく設定されており，その説明だけでもかなりの時間を要することになる。また，基準項目は暗記するだけでは，応用して使える技術・知識とはなり得ない。本書第2章が，情報活用能力育成法について詳しいので参照されたい。

　こうした点を踏まえ，指導にあたっては次のような点に注意する必要がある。

- 情報評価能力は，情報活用能力の一部であり，それだけが独立した技術ではないこと。検索技術や検索エンジンの選び方などと深く関係している
- 短期間や1回程度の訓練・学習で身につく能力ではなく，時間をかけて徐々に養うことが要求されること

---

[14] 赤星隆子，前掲，p.101．

- 情報評価という行為が，リサーチや学習のプロセスの一部であることを認識する

具体的には，次のようなステップ[15]で，さまざまな教科の中で学年ごとにレベルを上げて指導すると良いだろう。

① ウェブ・サイトを評価する必要性を認識させる
② 必要な評価技術と知識を教える
③ 練習させる
④ 児童・生徒の理解度，習熟度を評価する
⑤ 習得した情報評価技術と知識を定期的に見直すことの必要性を説明する

米国では，児童・生徒がインターネット上の情報を利用する際，情報の選択と評価にどのような基準を用いているかについて，近年関心が高まっており，ケース・スタディも多数発表されている。こうした研究の結果も，指導計画，教材作成にあたり，多いに参考にしたい。例えば，児童・生徒が評価基準におく比重が学習が進むにつれて変わってくること，情報選択の際に特定の情報源を参考にしていること，情報の信憑性や正確性などの面については検証しない傾向にあること，文章情報の選択においてトピックとの直結度（Topicality），目新しさ（Novelty），興味深さやおもしろさ（Interesting），といった基準の使用頻度が高い傾向にあること，が指摘されている[16]。

また，情報の信憑性認識に影響を及ぼすさまざまな要因についての知識も，情

---

[15] Greer, Toni, Donna Holinga, Christy Kindel and Melissa Netznik. "Teaching Web Evaluation", An Educators' Guide to Credibility and Web Evaluation, 1999 ［http://lrs.ed.uiuc.edu/wp/credibility/page4.html］（アクセス 2003 年 1 月 1 日）.

[16] Hirsh, Sandra G. "Children's Relevance Criteria and Information Seeking on Electronic Resources", *Jornal of the American Society for Information Science and Technology*, 50(14), December 1999, pp. 1265-1283. このケース・スタディでは，アリゾナ州の小学 5 年生 10 人が研究対象となっており，有名な運動選手をひとり選び，図書館の各資料を使って，参考文献リスト，選手の写真，選手の出身地に関する情報などを含んだレポートを書く課題が出された。児童は，OPAC，電子百科事典，電子雑誌記事索引などを駆使して課題に取り組んだ。文章と画像情報に分けて，児童が用いる評価基準の傾向を検証している。第 4 章および第 5 章で参照されている次の文献でも，中学校の生徒がどのような評価基準を用いているかについての言及が見られる。Bilal, Dania. *op. cit*., pp. 646-665.

報評価指導の際に重要であろう。ワッデン（Nadin C. Wathen）とバーケル（Jacquelyn Burkell）が，こうした要因について先行研究を踏まえた検証を行っている[17]。この論文によると，信憑性の判断は，複雑かつ多面性を備えたものである。コンピュータ・ベースのメディアでは，情報源・出典（source），メディア（media），メッセージ（message）と受け手（receiver）の特徴が相互に関係し合って，情報の信憑性の判断に影響をもたらす。受け手の特徴からくる要因は，情報評価基準項目に明確に現れるものではないが，児童・生徒の指導にあたる司書教諭には必須の知識といえる。ワッデンとバーケルは，ウェブ・サイトの情報信憑性を児童・生徒がどのように判断するか，まだ立証済みではないとしながら，過程モデルを立てている。このモデルでは，信憑性判断過程でユーザが行う第1の行為は，メディアを主に表面的特徴（surface characteristics：表6.2でナビゲーションのカテゴリに該当するような項目）に基づいて評価することとしている。この段階で，サイトの評価が低いと，利用者は第2の行為へ進むより，別のウェブ・サイトへ移る傾向が高い。第2の行為は，情報発信者・出典（表6.2の情報発信者・作者カテゴリに該当するような項目）とメッセージ（表6.2の情報の内容カテゴリに該当するような項目）の評価である。この段階もクリアして第3の行為へ進むと，受け手が置かれている状態や受け手のもつ特徴の比重がさらに大きな割合を占める情報評価が行われる。例えば，児童・生徒の情報に対するニーズが高ければ（例：課題提出締め切り前），ウェブ・サイトのナビゲーションやレイアウトなどに問題が見られても，情報内容としては信頼性が高いと判断する傾向にあり，情報探求の動機が軽いものであれば（例：娯楽目的のネットサーフィン），逆にレイアウトの不備などが情報の信憑性判断に大きな比重をもってくる，探している情報の関連トピックに対する児童・生徒の既得の知識が豊富であればあるほど細かな情報評価を行う傾向にある，など受け手の特徴・状況が評価判断を左右する。この知識は，カリキュラムのどこで，単元のど

---

[17] Wathen, C. Nadine and, Burkell. Jacquelyn "Believe It or Not: Factors Influencing Credibility on the Web", *Jornal of the American Society for Information Science and Technology*, 53(2), January 2002, pp. 134-144.

の学習過程で情報評価指導を行うかの良い判断材料になるだろう。

(1) 指導ツール

　児童・生徒に情報評価を指導する際には，事前に司書教諭が情報評価基準ツールを作成しておくのが良いだろう。その作成にあたっては，項目の選択だけでなく，利用対象学年や科目によって，以下のようなものの中からその形式を使い分ける工夫も考えられる。

① 項目チェック表/質問表

　表6.2のような形式。チェックできた項目が多いほど，良いサイトと判断する。Yes・Noで答えさせる質問形式のものも多くみられる。

② 採点方式

　項目の有無をチェックするだけでなく，点数化する。第5章では，この採点方法を用いている。多角面から総体的にサイトを評価する方法を学ぶことができ，類似サイトの比較を行うのにも適している。

③ ワークシート

　項目をチェックするだけでなく，ウェブ・サイトについての情報を書き写したり，要点をまとめたり，感想を記入していくワークシート方式のものも広く使われている。時間をかけて行う調べ学習や注釈付きの参考文献作りといった課題に向いているだろう。川口市立仲町小学校の設楽敬一は，「発見カード」を調べ学習に導入しており，この方法は調べ学習で陥りやすい「写し学習」を避けるためにも効果的だとしている[18]。丸写しが不可能なB6版という紙の大きさ，カードの色分けなどに工夫が見られる。タイトル付け・キーワードの箇条書き・内容要約など記入方法も随所に工夫がなされている。

---

[18] 設楽敬一「情報化時代のなかで——情報メディアの活用と指導」『新学校図書館入門：子どもと教師の学びをささえる』草土文化，2001，p.133．

(2) 指導例

　実際に行われているウェブ・サイト情報評価指導には，さまざまなバリエーションがみられ，司書教諭の創意工夫の見せ所である。評価基準と同様，情報評価能力の指導方法にも決まったものはない。児童・生徒の年齢・レベルや強調して教えたい部分を明白にし，各司書教諭・教員が基本を応用・工夫して，カリキュラムへ取り入れていくのが望ましい。ここでは，米国で広く応用されている例をひとつ紹介しよう。

　ウィドナー（Widener）大学図書館のレファレンス・ライブラリアンであるアレキサンダー（Jan Alexander）とテイト（Marsha Ann Tate）によって考案されたウェブ・サイト評価演習[19]では，まず，印刷メディアの評価法の復習から入ってゆく。なじみのある媒体で基礎となる重要な評価基準を押さえさせ，構造がさらに複雑なウェブの評価を行う場合も応用できるように導く効果がある。ウェブ・サイトは図書に取って代わるものでは決してなく，それぞれの特性を生かすことの大切さを教えるのにも，良い方法だといえる。

　この演習のもうひとつの大きな特色は，ウェブ・サイトの情報の種類に合わせて，情報評価基準をアレンジした質問表を用いることである。ニュース，個人，情報，意見広告，商業といったウェブ・サイトの内容に合わせた5種類の質問表が用意されている。情報タイプの違いによって，各評価基準の重要度が変わったり，注意する点が微妙に変化する様子を理解させるのに，適した方法といえる。

　ウィドナー大学図書館の練習案は，大学生を対象としているが，異なる媒体の比較，基本から応用編へと時間をかけた評価基準の学習，情報タイプの判別，など学校図書館でも取り入れたい工夫が随所に見られる。

---

[19] Alexander, Jan and Marsha Ann Tate. "Evaluating Web Resources" [http://www.widener.edu/?pageId=857]（アクセス 2003年11月15日）.
　Alexander, Jan and Marsha Ann Tate. "Teaching Critical Evaluation Skills for World Wide Web Resources", *Internet Librarian*, 1996, 11-12, pp. 49-55.

マガジンハウスより出版された『世界が100人の村だったら』[20]には，インターネット上の情報と印刷媒体の違いを学ぶのに最適な要素が多く含まれており，情報評価方法の指導の教材に適しているので，ここでそれを用いたワークシートを例示しよう。これは，インターネットの特徴や情報評価基準項目について，ひと通りマスターしたものとして，応用ができているかを見ることを想定している。まず，質問1から4では，印刷媒体の情報発信者，情報の出典，データの信憑性・正確性について考える。質問5から7では，それに対し，インターネット上の情報がどのようになっているかを見る。質問8から11では，インターネット上で情報がどのように変化していくか，また伝播するかを考える。質問12と13では，情報の内容をさらに詳しく確認することを学ぶ。実際の統計データの調べ方・用い方と組み合わせて指導する，著作権や文献引用方法についても情報評価と同時に考える，などこのワークシートの使い方はいろいろと考えられるだろう。

---

[20] C.ダグラス・ラミス対訳，池田香代子再話『世界がもし100人の村だったら』マガジンハウス，2001.

学年：＿＿＿組：＿＿＿氏名：＿＿＿＿＿＿＿

> 皆さんが調べものにインターネットを使う場合，注意しなければいけないことがたくさんあります。今日は，電子メールと図書の情報にはどのような違いがあるのか，『世界がもし100人の村だったら』を例に考えてみましょう。

1. 書籍版『世界がもし100人の村だったら』の解説文，奥付から次の情報を探しましょう。

    - 原作者：＿＿＿＿＿＿＿＿＿＿＿＿＿＿＿＿＿＿＿＿＿
    - 原作者の職業：＿＿＿＿＿＿＿＿＿＿＿＿＿＿＿＿＿
    - 再話者：＿＿＿＿＿＿＿＿＿＿＿＿＿＿＿＿＿＿＿＿＿
    - 翻訳者：＿＿＿＿＿＿＿＿＿＿＿＿＿＿＿＿＿＿＿＿＿
    - 出版社：＿＿＿＿＿＿＿＿＿＿＿＿＿＿＿＿＿＿＿＿＿

2. 書籍版『世界がもし100人の村だったら』の巻末では，本文中の数字について，どのような情報を元にしたと説明されていますか。次の中から3つ選んで下さい。

    年鑑，ガイドブック，新聞，統計，専門機関，マンガ
    地図，テレビ，インターネット，辞書，百科事典

3. 書籍版『世界がもし100人の村だったら』の巻末で，取材協力団体として挙げられている機関の名称を3つ書き出してみましょう。

    - ＿＿＿＿＿＿＿＿＿＿＿＿＿＿＿＿＿＿＿＿＿
    - ＿＿＿＿＿＿＿＿＿＿＿＿＿＿＿＿＿＿＿＿＿
    - ＿＿＿＿＿＿＿＿＿＿＿＿＿＿＿＿＿＿＿＿＿

4. 書籍版『世界がもし100人の村だったら』の本文中の数字は，事実ですか？ 架空のものですか？ なぜ，それがわかりましたか？

5. 解説文で紹介されている，インターネット上で流布している現代民話的ネットロア[22]中野翻訳版では，作者は誰だといっていますか？

6. ネットロア中野翻訳版では，「全世界を100人の村に縮小する…」のに，どのように数字を盛り込んだといっていますか？

7. ネットロア中野翻訳版から，具体的にどのような資料を参考にして数字を導き出したかわかりますか？

8. ラインポルト氏のメールにあって，中野翻訳版にない1文は何ですか？

9. 中野翻訳版と「ある学級通信」版の違いは何ですか？

10. オリジナルと日本に届いたメールの違いの分析で，ネットロアの成立に関与した人は何人ほどと推測されていますか？

11. 解説文から次の情報を探しましょう。
    - 2001年度カンヌ広告祭の金賞をとったCMの放映国はどこですか？

      _____

    - 日本語版メールの翻訳者中野氏はどこの国の友人からメールを受け取りましたか？

      _____

    - デイヴィッド・タウブ氏がエッセイを発表したのはどこの国ですか？

      _____

12. オリジナルではどのような問題に重点が置かれていたと分析されていますか？ ネットロアではどうですか？

13. ネットロアには，宗教的色彩を帯びた表現が含まれていると分析されています。どのような宗教ですか？ また，どのような表現が例として挙げられていますか？

---

* 『世界がもし100人の村だったら』では，ネットロアについて，「インターネットによって個と個を結ぶ毛細血管のような情報チャンネルが，いまやグローバルな規模で張り巡らされている。それをつうじて広まる情報のうち，事実とは一線を画したテクストは，現代のうわさ，いわゆる現代伝説（都市伝説）の一種だろう。これをインターネット・フォークロア（民話），「ネットロア」と名づけることにする」と説明されている。

第7章
司書教諭の著作権への責任

7.1 学校図書館における著作権理解の重要性

　学校図書館を重要視している新たな教育方針の中で重要だと考えられているのは,「自ら〈問題〉を発見し,まだ解の出ていない最新の問題について情報を集め,比較し,判断し,選択し,そして自分なりの(絶対に正しいとは限らない)〈見解〉を作り上げて,考えの異なる他者と意見の交換をし,討論を試みる,そういう能力の育成にかかわる指導」[1]である。こうした指導によって,第2章で扱った「情報活用能力」を養うことが求められている。

　こうしたプロセスにおいては,自分自身で問題を発見する手がかりとなる「情報」も,その問題を解決するために集める「情報」も,児童・生徒ひとりひとりによっておのずと異なってくるだろう。さらに,これらの「情報」の発見・選択の成果として,児童・生徒自らが自分の〈見解〉を表現・発表するための「情報」を,レポートや口頭発表,ひいてはウェブ・サイトなどの形で作り出すことが求められる。こうしたレポートなどは,作文ともペーパーテストの解答とも違うものである。作文はたいてい児童・生徒自身の経験あるいは本・映画などの感

---

[1] 下村陽子,朝比奈大作「メディア活用能力の育成」朝比奈大作編著『学習指導と学校図書館』樹村房,1999,pp.87-88.

想を記すものだが，経験についての作文の場合は何かの情報源の取り扱いに留意するということは意識されないし，感想文の場合でも，対象となる本・映画などについてこれまで引用方法など情報源の扱い方に留意した指導が十分なされてきたとは考えにくい。また，ペーパーテストの解答というのは自分の記憶を頼りに，問いに対する答えを記入するものであり，どんな情報源を用いて答えたかは通常は要求されない。これらに対し，レポートなどは情報を取捨選択するプロセスの成果として作り出される。ここでは，児童・生徒ひとりひとり（あるいは少人数の児童・生徒グループ）がどのような情報源を用いて学習を進めたか，またどのような情報源を「取り上げる価値がある」と判断したか，が問題となる。さらには，情報源をどのような形で最終的成果の中に取り上げるか，あるいは得られた情報をどのような形で「自分の言葉」としてまとめるか，といった表現力も重要になってくる。

　つまり，児童・生徒は一方的な情報の受け手ではいられず，むしろ主体的に多様な情報を取捨選択し，自ら情報を作り出すための技能を育てていかなければならない。こうして主体的な情報利用・情報発信を行うなかでは，第2.2節で示した「情報活用能力」の3項目，つまり情報活用の実践力，情報の科学的な理解と並んで，情報社会に参画する態度を児童・生徒が身につけることが求められる。ここでの「態度」は，「社会生活の中で情報や情報技術が果たしている役割や及ぼしている影響を理解し，情報モラルの必要性や情報に対する責任について考え，望ましい情報社会の創造に参画しようとする態度」と説明されるが，この「情報モラル」や「情報に対する責任」について重要な地位を占めるのが著作権である。

　著作権をひと言で言えば，「文章・音楽・映像などの作品や情報，言い換えれば「著作物」を作ったことに，直接あるいは間接的にかかわった者が，利益を得られるようにする権利」である。他人の著作物をあたかも自分が作ったように見せたり，他人の著作物を勝手に改変したり，ある著作物の「海賊版」をつくってもとの作品を売れなくしたりすることは著作権の侵害にあたり，著作権法に基づいて社会的・金銭的な処罰，特に悪質な場合は懲役などの刑罰が科せられる。

特に，情報利用・発信に際して，「他人の作品をあたかも自分が作ったように見せたり，他人の作品を勝手に改変したり」しているとみなされることを防ぐためには，「引用」に関する手続きを守ることが必要である。情報を活用して「生きる力」を身につけるには，図書であれ映画であれテレビ番組であれウェブ・サイトであれ，他人の作り出した情報（著作物）を参照することが第一歩となるだろう。こうして他人の情報（著作物）を取り入れて自分のレポートなどを作り出す際には，著作権を侵害しないような引用方法に従うとともに，引用という形で先人の成果に敬意を払うこと，他人の考えと自分の意見を区別すること，そして引用元の明記により他の児童・生徒が自分の学習成果を検証できるようにすること，が必要である。具体的には，誰がどこでどのような意見を述べたか明記させるよう，児童・生徒に指導を行うことが必要である。また，常識的でき事，ことわざなどを除き，他人の書いたものを丸写ししてはいけない，という一般的ルールも身につけさせねばならない。

　まとめて言えば，学校教育の中で主体的な情報利用・情報発信が進められていく過程において，児童・生徒は他人の情報（著作物）をどう扱っていくか，また自分で作り発信する情報（著作物）をどう守っていくか，にかかわるルールとして，著作権を理解することが求められる。また児童・生徒のみならず，司書教諭自身および他の教師もさまざまな情報（著作物）を用いて授業や教育活動を展開していくなかで，著作権というルールを理解する必要がある。

　もっとも，教育環境も情報技術も揺れ動いていく状況で，著作権法はここ数年たびたび改正が行われており，後で述べるとおり今後の改正方針も発表されている。また，司書教諭はインターネットの取り扱いに際し「著作権法がかえって情報の活用を妨げていないだろうか」という疑問を感じるかもしれない。著作権法というルールを自分で理解し学校中に普及させつつも，自分でルールのありかたを考えルールづくりに参加する姿勢をもつことが，第1章で述べた「学校内の情報の専門家」「学習／教授の改革の推進者」としての司書教諭に求められていることだろう。

7.2 著作権法の現状

この項では現行の著作権法に基づき，著作権の基本的な事項について説明する。他の詳しい規定や実際の応用については，付録Bに示した解説書などを参照されたい。

1 著作権の対象となるもの

まず，著作権の対象となる「著作物」については，著作権法第2条第1項において「思想又は感情を創作的に表現したものであつて，文芸，学術，美術又は音楽の範囲に属するもの」と定義されている。

具体的には，表7.1に掲げられているものが「著作物」にあたるとされている（著作権法第10条第1項，第12条，第12条の2より。以下，「第○条第○項」

表7.1 著作権法における「著作物」の種類

法で定められた種類	具体的な例
言語の著作物	小説，脚本，論文，レポート，講演，詩歌，俳句
音楽の著作物	楽曲，楽曲を伴う歌詞，即興演奏
舞踏・無言劇の著作物	ダンス，舞踏，バレエ，パントマイム，それらの振り付け
美術の著作物	絵画，版画，彫刻，まんが，書，舞台装置，美術工芸品
建築の著作物	建造物自体（設計図は下の「図形の著作物」にあたる）
地図・図形の著作物	地図，学術的な図面，図表，模型
映画の著作物	劇場用映画，テレビ映画，ビデオ・DVDなどのソフト
写真の著作物	写真，グラビア，ブロマイド，絵はがき
プログラムの著作物	コンピュータ・プログラム
二次的著作物	上記の著作物を翻訳・編曲・変形・翻案したもの
編集著作物	百科事典，辞書，新聞，雑誌，詩集 （記事や詩など個々の著作物をひとつにまとめたもの）
データベースの著作物	データベース

という表記は，断りのない限りすべて著作権法を指す）。

　こうした「著作物」は，本やCDなど「もの」としてまとめられたものでも，またインターネット上にあるものでも，著作権法において保護される対象だとみなされる。ただし，「事実の伝達にすぎない雑報及び時事の報道」はこうした「著作物」には該当しない（第10条第2項）[2]。法令，通達，裁判所の判決なども「著作物」には当たらない（第13条）。

2　著作権の中身

　「著作権」という権利は，上に述べたような「著作物」を作った者（著作者），あるいはその人から権利を譲り受けた者がもつことになっている。その「著作権」の中身は，大きく分けると「著作者人格権」と「著作権（著作財産権）」に分けられる。「著作者人格権」とは，もとの著作者の作品を勝手に改変されたり他人の作品扱いされたりして，その著作者の名誉が傷つけられないよう，精神的な利益を守る権利である。もう一方は狭い意味での「著作権」，言い換えれば「著作財産権」である。すなわち，著作者ならびに著作に関わった多くの者（本の場合は編集者や印刷業者や出版社など，CD-ROMの場合はさらにデザイナーやプログラマーなど多数の者が関わる）にとっては作品を作り上げるまでの労苦があるので，それをただ取りされて損をしてしまう（例えば違法コピーや海賊版のせいで，売れるべき自分の作品が売れなくなってしまう）のを防ぐために経済的な利益を守る権利である。

　こうした「著作者人格権」と「著作財産権」について，著作権法においてはさらに細かい権利が次のように規定されている。なお「著作財産権」は著作者の死

---

[2]　この条項から「新聞記事には著作権がない」という誤解も生じる可能性がある。実際には，「事実」と「事実を伝達する表現」とを区別する必要がある。すなわち，新聞記事には「事実」に対する評価・感想が加えられており，それが上述の「思想又は感情を創作的に表現」した「著作物」に該当する。もっとも，新聞記事で報道された事実を利用して他の作品を作ることに対しては，著作権法上の問題は生じない。それゆえ，新聞記事を丸写しすることは著作権侵害に該当するが，新聞記事に基づいて事実関係をまとめるのは許される（もっともその際も引用事項を明記するよう指導すべきである）。

後50年で消滅するほか他人への譲渡もできるのに対し，「著作者人格権」はもとの著作者の名誉にかかわる問題であるゆえ，消滅や他人への譲渡などが認められないことにも注意しておきたい。

① 著作者人格権

- 公表権（第18条）　まだ公表されていない自分の著作物を，出版，上演，ウェブ・サイト開設などのかたちで提供・提示する，すなわち「公表」する権利。
- 氏名表示権（第19条）　自分が著作物を作成したと証明するために，その著作物の「公表」の際に著作者の実名ないしペンネーム等を表示する，または表示しない権利。
- 同一性保持権（第20条）　自分の著作物やそのタイトルを，自分の意志に反して改変・削除されない権利。

② （狭義の）著作権/著作財産権

- 複製権（第21条）　著作物を複製する権利であり，著作権の中心となるものである。「複製」の対象となるのは表現内容であり，紙であろうと電子メディアであろうとどんな媒体に「複製」されるかは問われない。
- 公衆送信権・送信可能化権（第23条）　テレビ，ラジオによる放送やインターネットによる通信など，著作物を公衆に対して送信する権利。「送信可能化」とは，著作物をサーバ上に入力（アップロード）するなど，公衆に対しての送信がまだ行われていなくともそれが可能な状態にすること。
- 上演権・演奏権（第22条）・口述権（第24条）・展示権（第25条）　小説，戯曲，台本，楽譜，絵画，写真などの著作物を，公衆に対して上演・演奏・口述・展示する権利。
- 上映権（第22条の2）　著作物を上映する権利。映画を映写幕に映す，ビデオをテレビ画面に再生する，OHPなどを使って本の中の文章やイラストを教室のスクリーンに表示する，といった行為が，上映権の中に含まれる。
- 頒布権（第26条）　「映画の著作物」を頒布する，つまり映画フィルムの映画館などへの配給やビデオ・DVDなどのソフトのレンタルを認める権

利。学校図書館においては，貸し出しが許諾され補償金処理も行われたソフトを除き，市販のビデオソフト等の貸し出しはできない[3]。

- **譲渡権（第26条の2）**　　著作物やその複製物を公衆に提供する権利で，「映画の著作物」以外に適用される。
- **貸与権（第26条の3）**　　「映画の著作物」を除く著作物に適用される。例えば，CDなど音楽ソフトのレンタルがこれに当てはまる。かつては，貸本屋や図書館などにおける書籍や雑誌（楽譜を主たる内容とするものを除く）については「当分の間」貸与権の対象とはならないと定められていた（著作権法附則4の2，2005年1月削除）。もっとも，非営利目的で対価を徴収しない場合には著作権者の断りなく「貸与」を行ってよいという規定が今もある（第38条4項）。この規定により，学校図書館では図書，雑誌，音楽CDなどの貸し出しを自由に行うことができる。
- **翻訳権・翻案権（第27条）**　　元の著作物に対しての翻訳・編曲・変形・脚色・映画化などを行う権利。「翻案」というのは，元の著作物のもつ基本的な考えや構成などを保ちつつ，外面的な表現を変えたり，新たな創作を付け加えたりすることである。例えば小説Aを原作として，まんがBや映画Cを作ったりすることが「翻案」に当たる。
- **二次的著作物を利用する権利（第28条）**　　上記のように「翻訳・編曲・変形・脚色・映画化」などが施された作品を「二次的著作物」と呼ぶ。二次的著作物の利用については，二次的著作物を作成した者のみならず，元の著作物に対する著作権者も権利を有する。上の例の場合では，まんがBや映画Cを第三者が利用する場合，BやCを作った人からだけではなく，原作である小説Aの作者からも許しを得る必要がある。

以上のように著作物を作成した者がもつ著作権に加え，著作物を公衆に広める役割を果たす者，例えば音楽CDなどの作成における歌手や舞台作品上演におけ

---

[3]　学校図書館における市販のビデオソフトの扱いについて，詳しくは次の文献を参照。
　・森田盛行『学校図書館と著作権Q&A改訂版』全国学校図書館協議会，2001，pp. 27-29.

る俳優陣（これらは著作権法において「実演家」と呼ばれる），音楽CDなどの作成にかかわった会社，またテレビ・ラジオの放送局なども，「著作隣接権」という名の権利をもっている（第89条～第104条）。その他，細かい権利規定が著作権法において存在するが，本書では詳細は割愛させていただく。

3　著作権の制限，もしくは著作物が自由に利用できる範囲

著作者は上に述べたようなさまざまな権利をもっているが，いくつかの場合に著作権の制限が認められている。これについては，「著作者の権利及びこれに隣接する権利を定め，これらの文化的所産の公正な利用に留意しつつ，著作者等の権利の保護を図り，もつて文化の発展に寄与すること」（第1条）という著作権法の目的に目を向けることが重要である。つまり，著作権者の許諾を得なくとも著作物の利用が認められる「公正な利用」の種類をいくつか定めておくことにより，新たな著作物の創作が進み，結果として「文化の発展」がもたらされるだろう，というのが著作権法のねらいである。上に述べた「著作者の権利」と，これから述べる「著作権の制限」＝「公正な利用」とのバランスの上に，著作権法のしくみが成り立っているのである。このバランスをめぐる関係を図7.1にまとめた。

さて，具体的に著作権が制限される場合として著作権法で定められているのは，引用（第32条），個人および家庭内での私的使用（第30条）[4]，図書館での複製（第31条，ただし学校図書館は適用外）などである。このうち引用については後で詳しく述べる。また私的使用はあくまで「個人および家庭内での使用」という制限がついており，後述するように学校内のLAN（イントラネット）で著作物を利用する場合には著作物利用の許諾を得なければならない。

---

[4]　なお，著作権法にかかわる領域では，「使用」の語は複製（著作物を原型のまま用いる場合）あるいはお金にかかわる領域（「（著作物の）使用料」といった言葉が出てくる）について使い，一方で「利用」の語は著作物の変形・要約など「使用」よりも幅広い用い方について使う，という使い分けがなされていることに注意されたい。なお，以下の文献も参照するとよい。
・豊田きいち『マスメディアと著作権』太田出版，1996.

著作者

著作者人格権
「自分の著作物の中身を勝手に変えたり，盗作したりするな！」
公表権(第18条)，氏名表示権(第19条)，同一性保持権(第20条)

著作財産権
「自分の著作物を売って得られるはずの対価を横取りするな！」
複製権(第21条)，公衆送信権・送信可能化権(第23条)，上演権・演奏権(第22条)，口述権(第24条)，展示権(第25条)，上映権(第22条の2)，頒布権(第26条)，譲渡権(第26条の2)，貸与権(第26条の3)，翻訳権・翻案権(第27条)，二次的著作物に対する権利(第28条)

著作物の利用者
「こういう状況であれば断りなく著作物を使いたい！」
個人および家庭内での私的使用(第30条)，図書館での複製(第31条)，引用(第32条)，教科書・指導書への著作物掲載(第33条)，学校教育番組における著作物利用(第34条)，試験問題での著作物利用(第36条) など

「文化の発展」のためのバランス

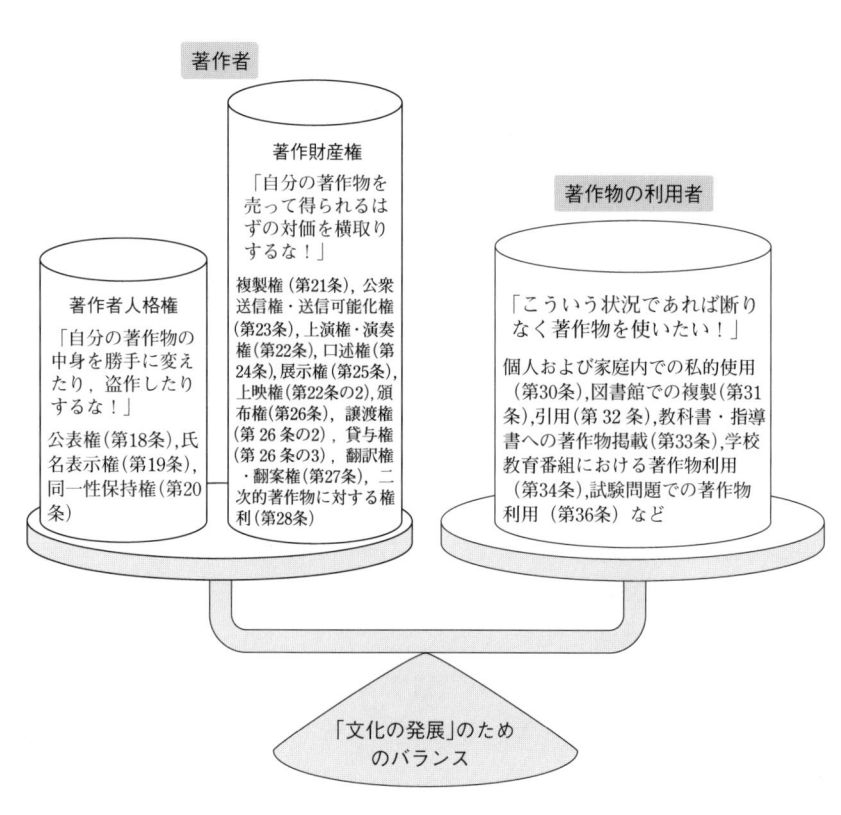

図 7.1　著作権をめぐる著作者と利用者との関係

このうち，教育目的・教育機関での著作物利用については，著作権法第 35 条が重要である。ここでは，学校において著作権者からの許諾を得ることなく著作物の複製ができる条件を，次のように定めている。

- 非営利の教育機関であること：企業内の職員研修施設や予備校などは含まれない。
- 教育を担任するもの自身が複製を行うこと：授業を担当していない事務職員や教育委員会などは含まれない。ただし，「教育を担任する」教員が事務職員に指示して複製を行わせる場合は，その教員自身が複製したのと同じ扱いになるとみなされる。また，第 35 条の下では児童・生徒自身による複製は

認められていない，という点も注意しておきたい．
- 授業を行う過程で著作物を使用すること
- 必要と認められる限度内であること
- 公表された著作物であること
- 著作権者の利益を不当に害することとならないこと．それは，①その著作物の種類および使われ方において，②複製物の部数および使われ方において，である．

また，第36条では試験問題での著作物利用に関しての規定がある．この場合は事前の著作権処理により試験問題が漏洩するおそれがあるため，著作権者の許諾を得ることなく著作物を試験問題に利用することができると定められている．

なお，第33条で教科書・指導書等への著作物掲載に関する規定が，また第34条で学校教育番組における著作物利用に関する規定が定められていることにも留意しておきたい．

4　引用をめぐる規定

先に第7.1節で述べたとおり，「引用」はレポートなどの作成を進める上で大事な要素であるので，少し詳しく説明したい．著作権法によれば，公表された著作物については法に定められた条件に合致する限り，著作権者からの許諾を得ることなく，また補償金などを支払うこともなく，「引用」することができる．著作権法第32条は次のように「引用」を規定している．

> 公表された著作物は，引用して利用することができる．この場合において，その引用は，公正な慣行に合致するものであり，かつ，報道，批評，研究その他の引用の目的上正当な範囲内で行なわれるものでなければならない．
>
> （同条第二項は省略）

この条文だけでは「公正な慣行」「正当な範囲内」といった語句が具体的に何を示すか明らかではないが，判例なども踏まえると，著作権法上認められる引用の条件は以下のとおりとなる．

- 自分の著作にとって必要不可欠な場合のみ引用する．つまり，引用される部

分がないと自分の考えを補強できない，といった場合に引用が認められる。
- 必要最小限の分量のみを引用する。
- 地の文（著作物）と引用される文（著作物）との主従関係。つまり前者が「主」，後者が「従」でないといけない。長々と引用を行って最後に自分の文をひと言，というやり方は認められない。
- かぎかっこをつけるなど，自分の著作部分と引用部分を明確に区別する。
- 厳密に原文どおりに引用する。
- 引用元の明記。どの程度の出典明記が必要かは判断が分かれる場合もあるが，基本的に本ないし雑誌記事のタイトル，およびその著者名は最低限必要とされる。

なお，こうした引用方法を授業の中でどのように児童・生徒に理解させるかについては，後で詳しく説明したい。

7.3　インターネットの活用と著作権

ここでは，著作権がインターネットの活用にかかわる部分について少し詳しく説明しよう。前節2項で示した細々とした権利が出てくるが，そこでの記述と照らしあわせて読み進めていただきたい。

まず，インターネット上にある著作物をコピーする場合には複製権が働く。著作物のコンテンツを複製する場合もそうであるし，デザインを含めたウェブ・サイトの一部または全体をキャプチャ（表示した画面をファイルとして取り込むこと）して複製する場合もそうである。

次に，ウェブ上において，また学校内のLAN（イントラネット）によって，他人の著作物を無断で公開することは公衆送信権の侵害となる。さらに無断でサーバに送り込むこと自体が送信可能化権の侵害となる。上述した「引用」「教育目的・教育機関での利用」など「著作権制限」の規定に該当しない場合においては，これらの権利について著作権者からの許可を得なければならない。

なお，インターネット上にある著作物，特に画像・動画のたぐいについては，技術的に著作権侵害に対しての防御を行う手段（「技術的保護手段」ないしいわゆる「コピー・プロテクト」，定義は著作権法第2条第1項第20号），および「電子透かし」など著作権者や著作物の利用条件を著作物の中に組み込んだもの（「権利管理情報」，定義は著作権法第2条第1項第21号）が含まれていることがある。これらを改変する行為も著作権法によって罰せられる（第113条第3項，第120条の2）。

学校で作成したウェブ・サイトにおいて，他のサイトにリンクを貼ることは著作権上の問題となるだろうか。リンクを貼る行為は複製を行っているわけでも，また公衆送信権を侵害しているわけでもないので，著作権侵害にはあたらないとされる[5]。ただし，フレーム機能などを用いて，他人のウェブ・サイトをあたか

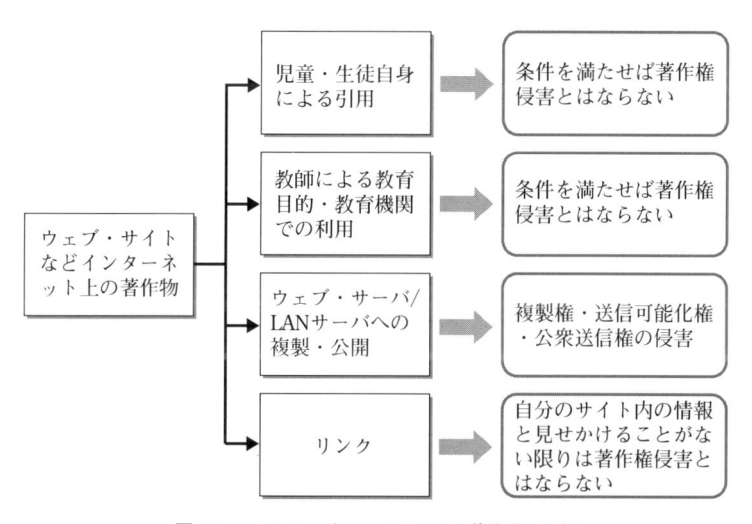

図7.2 インターネットにおける著作物の利用

---

[5] もっとも，著作権とは別に「ネチケット」（インターネット利用に関するエチケット）の問題として，事前もしくは事後に電子メールでリンク先から許可を求めることが望ましいとはいえる。リンクをめぐる問題については，岡村久道「「無断リンク」が引き起こす紛争」，岡村久道編著『迷宮のインターネット事件』日経BP社，2003, pp.318-341.を参照。

も自分のサイト内の情報と見せる行為については著作権侵害にあたる可能性がある。また，リンクに付けたコメントが名誉毀損の問題になる可能性もあるが，これは著作権の問題とは別である。

　以上，インターネットの活用に関わる著作権の問題について，図7.2にまとめた。

7.4　著作権をめぐる流動的な動向

　以上，現行の著作権法に基づき，インターネット利用と著作権とのかかわりについて述べてきたが，そもそも現行著作権法はインターネットなど技術的変化を想定していない時代につくられたものであり，「著作物利用」の状況が変化している実態にあわせた法改正が必要，との声も大きい。また，教育現場ではインターネット活用が今後進められることから，インターネット上の著作物の「教育目的利用」についてどのような法改正が望まれるか，議論が進められている。

　その中で，旧文部省の「コンピュータ・インターネット等を活用した著作物等の教育利用に関する調査研究協力者会議」が2000年9月に『コンピュータ，インターネット等を活用した著作物等の教育利用について（報告）』[6]を発表し，著作物の「教育目的に関わる利用（複製やダウンロード）」について著作権制限の範囲を拡大，言い換えれば著作権者からの断りを得ることなく著作物を利用できる範囲を拡大する方向性が示されている。なお，この報告書では学校図書館における複写サービスについては「制度改正を提案する前に，複写サービスを行った場合の影響について実態調査が必要」と述べるにとどまっている。また，文化庁

---

[6]　コンピュータ，インターネット等を活用した著作物等の教育利用に関する調査研究協力者会議『コンピュータ，インターネット等を活用した著作物等の教育利用について（報告）』2000.9. [http://www.manabinet.jp/report.html]（アクセス2002年10月31日）．
　　なお要約として，岡本薫「著作物等の「教育目的利用」に係る「権利制限」の拡大について：文部省の提言を受けて文化庁が検討を開始」『コピライト』No. 476, 2000, pp. 58-59.

が管轄する文化審議会著作権分科会・情報小委員会においても「著作物等の教育目的の利用」に関して議論がなされている。ここでは，教育目的での利用に際して著作権制限の範囲の拡大を求める声に対し，著作権者の立場からは「ネットワーク利用に関する秩序が形成されていない現状における権利制限の拡大が権利者の利益を不当に害する可能性が高くなっている」「学習者の著作権保護意識の育成に逆効果となる」などの反対意見が寄せられている[7]。

　さらに，著作権法の小手先の改正にとどまらず，著作権法のしくみを根底から見直すべきだという意見も出ている。これまでの著作権法は「複製に関するコントロール」を中心としてきたが，今後は著作物の利用状況を技術的に把握し，利用状況に応じた課金を行うべきだとの意見がある。このような方策に対しては，そうした技術を開発する費用に見合うだけの成果をあげられるのか，また社会的にも著作物利用者のプライバシーを不当に侵害するのではないか，という疑問があがっている。別の考えとしては，コピー機なりコンピュータ関連機具なりの複製機器・記憶媒体の販売価格において，利用目的を問わず著作物利用のための「補償金」を上乗せし，複製機器・記憶媒体を製造または輸入する業者がその「補償金」を著作権者に支払う（具体的には著作権を管理する団体に支払うほか，補償金の一部を著作権の保護・啓蒙や著作物創作の促進に関わる事業に支出する），というしくみ[8]をとるべきだと主張する者もいる[9]。さらに，情報（著作物）の流通を促すためには，著作者，出版社などメディア産業，そして利用者の

---

[7]　文化庁文化審議会著作権分科会「審議経過の概要」2001.12［http://www.cric.or.jp/houkoku/h13_12b/h13_12b.html］（アクセス2002年10月1日）．特に「第2章　情報小委員会における審議の経過」を参照．なお要約として，文化庁著作権課「文化審議会「著作権分科会」の「審議経過の概要」について」『コピライト』No. 490, 2002, pp. 26-29.

[8]　日本の著作権法においても，すでにMD（ミニディスク）などについてはこの「補償金」のしくみが取り入れられている．著作権法第30条第2項，第104条の2〜第104条の11．

[9]　以上については上野が論点整理を行っている．上野達弘「近未来の著作権をめぐる議論状況」『コピライト』No. 461, 1999, p. 71.

[10]　例えば以下の論考を参照．
・中山信弘『マルチメディアと著作権』（岩波新書426），岩波書店，1996．
・白田秀彰「もう一つの著作権の話」［http://orion.mt.tama.hosei.ac.jp/hideaki/another.htm］（アクセス2002年10月1日）．

権利をどのような形で守るべきかについて議論が必要ではないか，という意見もある[10]。

　もっとも現状では技術動向の見通しが立ちにくいゆえ，著作権についてどのような法制度が今後望ましいかの判断はできにくい。また著作物の利用状況に応じて著作権の取り扱い方も細かく異なってくる，ということも考えられるだろう。いずれにせよ，著作権の今後の在り方については，まさにさまざまな議論が展開されているのが現状である。

7.5　司書教諭の役割

1　著作権への姿勢

　このように，先行きの見えない状況において，司書教諭にはどのような役割が求められているだろうか。最初に述べたとおり，これからの学校教育においては，多様な著作物を利用した上で，自分自身が著作物を作り出すという作業が大事になる。こうした「学校にいる者は児童・生徒，教師，司書教諭なども含め，情報の利用者でもあり発信者でもある」という立場から著作権を考える必要がある，と強調しておきたい。学習活動の中で作成した作品（特にインターネット上で公開したもの）が著作権の侵害にあう可能性も存在するからである。

　そこで司書教諭が行うべきことは，まず「学校ならびに学校図書館は著作権をないがしろにせずに著作権を守る」という責任を意識し，著作権について正確な理解を得ることである。上に述べたような「教育目的に関わる利用」に関する法改正が成されたとしても，「教育目的に関わる利用」とそうでない利用とを区別しなければならないのは言うまでもない。その上で司書教諭には，著作物利用に関する法的な責任を教師や児童・生徒に理解させる役割が求められる。

　特に児童・生徒に対しては，辰巳が実例を示しているとおり，著作権を含めた情報倫理の教育こそ，調べ学習を取り入れた手法が有効といえるだろう。つまり，情報利用・情報発信にあたりどのような行動が許されるか/許されないかに

ついての判断基準を単に外から与えるのではなく，児童・生徒自身が情報の収集・選択や議論を通じて自分のものにしていく，という方法が効果的である[11]。司書教諭としては議論の素材になりそうな事例（例えばインターネット上におけるソフトウェアの不正コピー）の提示や，その事例に関するさまざまなメディアにおける扱いの違いを整理するなどの形で，教師や児童・生徒による情報倫理の学習を援助することが可能であろう。また，著作権法に従っていないように見える架空のウェブ・サイトを用意して児童・生徒に著作権の問題を論じさせる，という指導方法も考えられる[12]。

　こうした責任とあわせて，司書教諭は急速に進展する情報技術と，前節に挙げたような著作権政策の動向に留意しつつ，著作権をめぐりどのような制度が望ましいかについて著作物の利用・生産の当事者として発言を行う必要がある，と強調しておきたい。著作権や著作物の利用をめぐっては，著作者と利用者との間で図7.1に示したようなせめぎ合いがあるが，「文化の発展」という観点で，またインターネットを活用した教育活動を進めていく上で，著作者と利用者との間でどのようなバランスづけ（あるいはその修正）を行うべきかについて，司書教諭自身が自分の考えをもつことが大事である。現行の著作権ルールを守ることが新たなルールづくりに参加することへの前提であるが，著作権の保護のあり方について，法律の面で，あるいは「コピー・プロテクト」など著作物利用コントロールに関する技術の面で疑念があれば[13]，積極的に声をあげていくことが，著作権のルールにもとづいたよりよい情報社会をつくっていくことに貢献するだろう。

---

[11]　辰巳丈夫『情報化社会と情報倫理』第2版，共立出版，2004，pp. 129-144.

[12]　文部科学省『インターネット活用のための情報モラル指導事例集』コンピュータ教育開発センター，2001，pp. 80-83 [http://www.cec.or.jp/books/H12/pdf/b01.pdf]（アクセス2002年10月1日）.

[13]　「著作物利用コントロールに関する技術」と著作権の問題については，次の文献が示唆を与えてくれる。

- ローレンス・レッシグ，山形浩生・柏木亮二訳『CODE——インターネットの合法・違法・プライバシー』翔泳社，2001．特に「第10章　知的財産」(pp. 219-253)．
- ローレンス・レッシグ，山形浩生訳『コモンズ——ネット上の所有権強化は技術革新を殺す』翔泳社，2002．

法律にせよ技術にせよ，過度に著作権を保護する状況があれば，今ある著作物の利用が妨げられ，そしてその利用によって新たな著作物が創造されるという「文化の発展」が妨げられる可能性があるからである。

2 引用をめぐる指導法

　もうひとつ，司書教諭の役割としては，レポートなどを作成するプロセスにおいて児童・生徒が引用の方法を的確に理解できるよう，司書教諭自らの指導方法を工夫すること，また指導方法について他の教師を支援することがあげられる。

　まず，引用を実際に行う前に，本，雑誌記事，新聞記事，ウェブ・サイトなどいろいろな情報源を比較し，引用や要約のかたちでどの情報源を自分のレポートなどに取り入れるべきか判断する，という作業が必要になるだろう。これについては，第6章で触れたように，ワークシートなどの情報評価基準ツールを司書教諭が作成し，自分や他の教師の授業で活用させることが可能だろう。

　ここから一歩進めて，注釈付きの参考文献リストを児童・生徒に作成させるという課題が，特に引用方法を理解させる上では役に立つと考えられる。つまり，この「リスト」では，所定の引用基準に基づき文献を記録させ，またどんなことが書いてあるか自分の言葉でまとめさせることが児童・生徒に求められる。

　注釈付きの参考文献リストおよび最終的なレポートなどで用いる引用基準は，次のようなものがあげられる。

- 書籍なら著者名，タイトル，出版社名，出版年，該当ページ
- 雑誌記事なら著者名，論文題名，掲載誌とその巻号数，出版年，該当ページ
- ウェブ・サイトなら著者名，タイトル，最終更新日（明記されている場合），アクセス日，URL

　実例は次のようなものになるだろう。

【書籍】　岩瀬徹，川名興『たのしい自然観察　雑草博士入門』全国農村教育協会，2001．

【雑誌記事】「神無月博士の地球再生計画！！」『6年の科学』2002年1月号，pp. 10-18．

【新聞記事】「天声人語」『朝日新聞』2002年1月9日, 1面.
【ウェブ・サイト】 宇宙科学研究所「キッズ★ギャラクシー」[http://www.isas.ac.jp/kids/index.html]（アクセス2002年8月17日）.

　注釈付きの参考文献リストの形式に基づいて，最終的なレポートなどで引用・参照文献一覧をつくることができる。また，このリストはレポートなどの作成に至る情報の取捨選択のプロセスを評価することにも役に立つ。よくあるように，「レポートの体裁さえ整っていればいい」という姿勢は，本や記事の丸写しにつながりかねない。しかしこのリストを作らせることによって，レポートなどを作成するまでのプロセスで児童・生徒が実際にどんなことをやってきたかを把握することができ，丸写しの防止にもつながるだろう。

　なお，レポートを書く際に本文中での引用箇所をどのように扱うか，また引用対象となる文献などをどう表記するか（引用箇所のあとにかっこ付きで表記するか，それともレポートの最後に一覧表をつくるのか），などの点にも気をつける必要がある。この点についてより詳しくは，関口の記事[14]を参照されたい。こうした引用方法や引用・参考文献一覧表のマニュアルを司書教諭の側で用意しておき，直接児童・生徒に渡したり，他の教師に渡して授業に役立たせたりすることが可能だろう。

　何よりも，正しい引用方法を身につけさせるには，学校図書館の内外において「文献等から必要な内容をメモ等で写すときは，その都度，どこから写したかを忘れずにいっしょに書き留める習慣をつける」[15]ことを児童・生徒に教えることが出発点である。

---

[14] 関口礼子「レポートのまとめかた：引用・参照文献の記載のしかた」『学校図書館』No. 617, 2002, pp. 26-29.
[15] 関口, 前掲書, p. 27.

【追記】

　2003年6月18日の著作権法改正（2004年1月1日施行）によって、学校における著作物の扱いに一部変化が生じる。特に、「学校その他の教育機関における複製等」を定めた第35条が改正され、「教育を担当する者」に加え「授業を受ける者」が、著作権者の許諾を得ることなく著作物の複製を行うことができるようになった。これにより、以下のようなことが可能となる。

- 児童・生徒が、コピー機で本の一部や新聞・雑誌記事などをコピーし、授業の中で他の児童・生徒にコピー分を配布すること
- 児童・生徒が、コンピュータを使ってインターネット上のコンテンツをプリントアウトし、授業の中で他の児童・生徒にプリントアウト分を配布すること

　ただし、学校における複製については、136から137ページで示したその他の条件、すなわち「非営利の教育機関であること」「授業を行う過程で著作物を使用すること」「必要と認められる限度内であること」「公表された著作物を使用すること」「著作権者の利益を不当に害することとならないこと」を引き続き守ることが必要とされる。特に、教師および児童・生徒ひとりひとりが購入することを前提として販売されている著作物（例えば市販のドリルや教育用ソフトウェア）を一部だけ購入し多数複製・配布するような行為は、「著作権者の利益を不当に害すること」とみなされる。

　なお、今回の著作権法改正の内容について、詳しくは文化庁長官官房著作権課「著作権法の一部を改正する法律について」『コピライト』No.508, 2003, pp.24-38. などを参照されたい。

付 録

付録 A
ジャネット・マーレー講演要旨[1]：学校図書館でテクノロジーの道を切り開く

(坂井千晶訳)

A.1 パイオニア精神

こんにちは。私は，20年近く，アメリカの高校でライブラリアンとして働いています。この間に，コンピュータが導入されたことで，学校図書館は，大きな変化を遂げました。

私の学校では，ライブラリアンを「インフォメーション・スペシャリスト」と呼びます。コンピュータ導入で，これまでと違った役割が加わったことを反映しています。

私は，オレゴン州出身です。今を遡ること約200年，現在アメリカ合衆国と呼ばれる広大な地を，人々が探求し始めた時期がありました。住み慣れた家を後にし，幌馬車で国を横断した人々は，パイオニア（開拓者）と呼ばれ，彼らがとったルートは，オレゴン・トレイルと呼ばれていました。オレゴン育ちの私は，自分自身と家族のためにより良い暮らしを求め，そのためには，それまでの暮らしを捨てることもいとわなかった，この勇敢な人々の話を聞きながら育ちました。

---

[1] Janet Murray, "Pioneering Technology in the School Library", 2002.
この講演要旨は，2002年1月26日に東京大学教育学部（文京区本郷）で行われた公開シンポジウム「インターネットの導入にむけて司書教諭に求められる知識と技術」での，ジャネット・マーレー氏（米海軍横須賀基地内キニック高校インフォメーション・スペシャリスト）の講演内容を収録したものである。

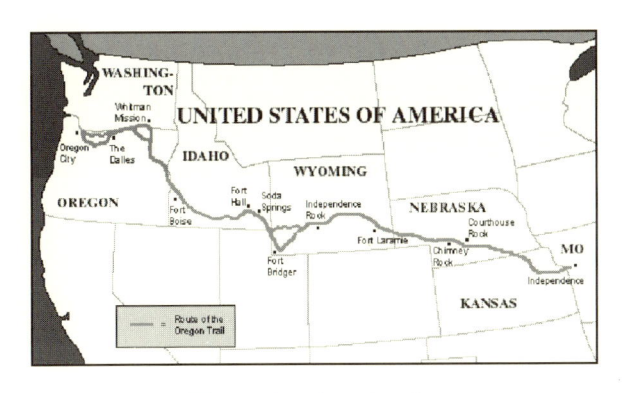

図 A.1　オレゴン・トレイル

　1983年，子どもたちへのクリスマス・プレゼントにコンピュータはどうかと考えていたとき，地元の小学校がどのようなハードウェアとソフトウェアを使っているのか，調べに行きました。学区から2台の真新しいマッキントッシュを提供されながら，箱を開けることもなく，物置においてあるという状況でした。驚きと落胆の中，私はコンピュータを購入し，コンピュータ・リテラシーのクラスを企画しました。子どもたちとそのクラスメートがこの新しい学習機器の使い方と可能性を学ぶ手助けしてくれる保護者ボランティアのためのクラスを考えたのです。

　なぜ，私が，コンピュータが子どもたちの初期教育に欠かすことのできないものだと思うようになり，リーダーシップを率先して取るようになったかをお話ししましょう。その3年前に，私は図書館学修士を取りました。機械化目録作成と情報探索の2つのクラスが必修になっていました。コンピュータが膨大な量の情報を整理・組織する際に発揮する力は，私にとっては明らかでした。しかし，大の大人であるクラスメートが課題にてこずる様を見て，新しいテクノロジーを取り入れる際に，教育界が直面するであろう問題があることも感じていました。

　私の子どもの学校で，コンピュータが未開封のまま放置されていたのも，先生たちが，どうしていいのかわからなかったからです！　これが，この学校のみに見られる現象でないことも知りました。教育委員会は，コンピュータを必須事項

とし，学区はコンピュータを購入するようになりました。しかし，教師たちにコンピュータに関する再教育を行う必要性について，問題提起する人は誰もいませんでした。

　今，ここにいる皆さんも同じような状況に置かれています。政府によって，すべての学校をインターネットへ接続する決定がなされました。しかし，誰が，あなた方がインターネットについて学ぶのを助けてくれるでしょうか？　おそらく，皆さんの中の何人かが，この新しいテクノロジーの導入にあたり，チャレンジをしていくパイオニアとなることでしょう。オレゴン・トレイルを旅することを拒み，住み慣れた土地での安住を望んだ人々が大勢いたように，皆さんの同僚の中には，新しいことにチャレンジすることに不安を覚える人もいることでしょう。変革に関して，熱心なパイオニアもいれば，拒絶反応を示す人もいるのは，当然のことです。これから，アメリカの学校図書館でパイオニアとして，私が行ってきたことについて，お話しましょう。

図 A.2　キニック高校図書館

A.2　テクノロジーを使って情報を整理・組織化する

1　オンライン閲覧目録

　子どもたちのために，アップル・コンピュータIIeを購入して間もなく，私は学校のサッカー・チーム，選手，コーチについてのデータベースを作成する方法を知りました。簡単に，住所や電話のリストをプリントアウトしたり，選手情報を追加したり，選手の所属チームを変更したりすることができました。1985年には，ポートランド公立学校システム内で最初の図書館の機械化に携わりました。1台のアップル・コンピュータと2つのFDドライブを使ってです。新しい施設へ移るよう箱詰め準備をしながら，書籍にバーコードを貼り，書架目録のカードに番号を記録しました。夜は，自宅で，目録をコンピュータに入力しました。当時，コンピュータ化した蔵書目録は，貸し出し作業にのみ使われていましたが，すぐにオンライン閲覧目録として利用することのできるソフトウェアが作られました。

　コンピュータ化した目録により，図書館利用者はより簡単に，書籍にアクセスできるようになりました。分類を使って，書籍は主題ごとに整理されていましたが，ひとつ以上の分類が考えられるケースもたくさんあります。また，検索方法も著者，書名，件名と広がりました。標準的件名の問題点は，分類方法についての知識が豊富な大人によって考えられたものだったということです。子どもたちは，自然言語，普段使っている言葉で検索をしますから，南北戦争を探すのに，「合衆国－歴史－1861〜1865年」という，カード目録で従来用いられる件名の下を探したりしません。

　キーワード検索ができるコンピュータによって，利用者は，図書がどこに分類されていようと，的確なものを見つけることができるようになりました。

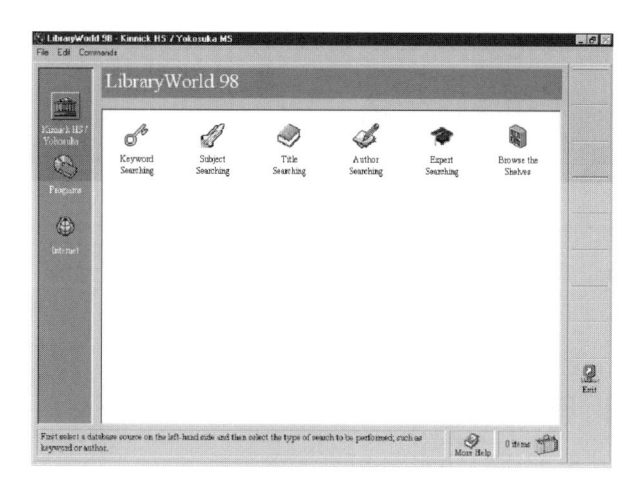

図 A.3 キニック高校オンライン目録

図 A.4 件名検索画面

152　付録 A：ジャネット・マーレー講演要旨：学校図書館でテクノロジーの道を切り開く

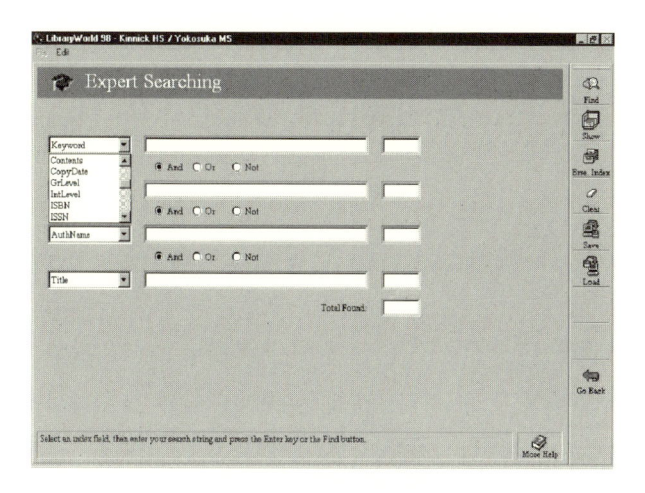

図 A.5　詳細検索画面

2　アメリカ議会図書館オンライン目録[2)]

　アメリカでは，議会図書館が書籍の出版前に目録データを起こし，書籍は目録データ付きで出版されます。それだけでなく，インターネットで目録情報にアクセスすることができ，自館のシステムへそのレコードをダウンロードできます。自館の目録データに議会図書館と同じものを使えるのです。入力エラーなどを心配せずに済むようになります。

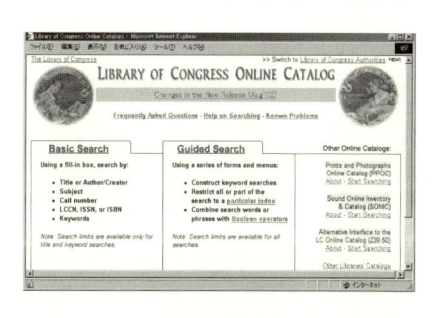

図 A.6　アメリカ議会図書館オンライン目録
［http://catalog.loc.gov/］

[2)]　Library of Congress Online Catalog［http://catalog.loc.gov/］

A.2　テクノロジーを使って情報を整理・組織化する

A.3　テクノロジーを使ってコミュニケーションを円滑にする

1　ニュース・サービス

　私が1984～1987年の間勤めた中学校図書館で，最初に導入された電子情報源は，ケーブルTVによるニュース・サービスでした。テキスト形式で，ニュースが随時流れているというものです。コンピュータを1台，このサービス用に確保し，生徒たちが興味を示すのを見て嬉しく思ったものです。もちろん，このニュース・サービスは，極めて原始的な電子情報源でしたが，無料であり，リサーチ・プロセスへのテクノロジー導入のきっかけを私に与えてくれました。

　スクール・ライブラリアンとしての使命だと，私が考えていることのひとつに，生徒に情報源の評価を教えるということがあります。ケーブルTVのサービスは，国際報道機関からの最新情報を提供してくれました。アメリカの視点とその他の世界の視点がいつも同じではないということを，教える良い教材になりました。今では，私たちは，ニュースをウェブで見ることができます[3]。

　即時性は，オンライン情報源のもつ，ひとつの利点といえます。常に，印刷メディアより情報が新しいでしょう。即時性は，生徒が，最近のでき事や，健康問題，科学について，調べる際に特に重要になってきます。

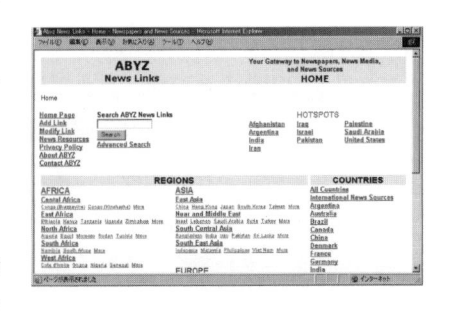

図A.7　ABYZ News Links
[http://www.abyznewslinks.com/]

---

[3]　ABYZ News Links [http://www.abyznewslinks.com/]

2 電子掲示板

1988年，あるライブラリアンからダイアル・アップ方式の掲示板システムについて，教えてもらいました。地域の公共図書館にアクセスし，そこの資料をテキスト主体のインタフェースで見ることができました。私がとくに惹かれたのは，他のライブラリアンとコミュニケーションを取り，情報への電子アクセスについてのパイオニア的な試みへの取り組み方を共有できる点でした。アメリカでは，通常，各学校にひとりのライブラリアンが配属されています。オンライン・コミュニケーションが可能になってから，年に1度の集会を待つことなく，アイディアの交換や共有ができるようになりました。「電子会議」を，必要なだけ行うことができるようになったのです。1989年には，FidoNet 掲示板システムを，自分のキッチンにあるパソコンにインストールしました。「ライブラリアンのためのハイテク・ツール」掲示板は，ライブラリアンのための電子集会として開設され，最終的には他の何千という掲示板システムで共有されることとなりました。

LM_Net メーリングリスト[4]も，同じ目的で始められました。ライブラリアンが，アイディアを共有し，同僚から技術的助言を得られるようになりました。

小・中・高の児童・生徒と教育者のために K12Net を始めたことで，初めて日本を訪れる機会を得ました。神戸で開かれたインターネット・ソサエティ主催の INET 92 会議で，発表することになったのです。「ライブラリアンのためのハイテク・ツール」掲示板は，テクノロジーがめまぐるしく変化する中，私が日本へ移り住んだ 1997 年までの約 10 年間続きました。

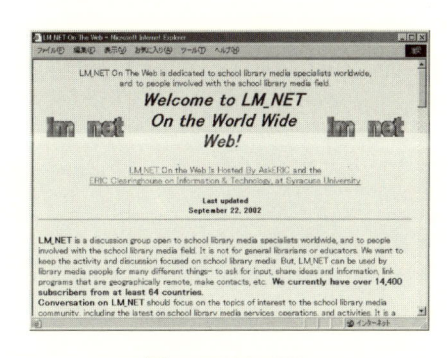

図 A.8 LM_NET
[http://www.askeric.org/lm_net/]

---

[4] LM_Net [http://www.askeric.org/lm_net/]

3 電子メール

　私のように，家族と離れて生活していたり，学校へ通っている人にとって，電子メールは欠かすことのできないコミュニケーション手段となっています。電子メールのおかげで，アメリカにいる同僚とやり取りも可能になりましたし，*MultiMedia Schools* という雑誌[5]の編集をする助けにもなっています。

　ミルバリー（Peter Milbury）氏は，スクール・ライブラリアン間のコミュニケーション仲介を積極的に行っている人のひとりです。彼のウェブ・サイトでは，アメリカのスクール・ライブラリアンが作成したウェブ・サイトを索引化し，紹介しています[6]。

図 A.9　*MultiMedia Schools*
〔http://www.infotoday.com/MMSchools/〕

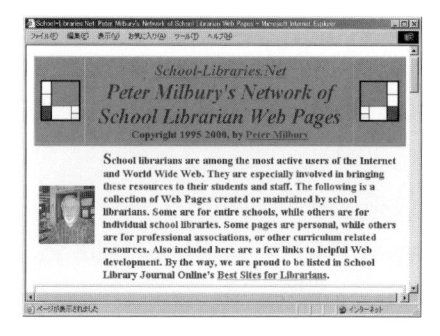

図 A.10　Peter Milbury's Network of School Librarian Web Pages
〔http://www.school-libraries.net/〕

---

[5]　MultiMedia Schools〔http://www.infotoday.com/MMSchools/〕
[6]　Peter Milbury's Network of School Librarian Web Pages〔http://www.school-libraries.net/〕

A.4　リサーチ・スキルの教授

　テクノロジーは，リサーチ・スキルを教える助けにもなります。生徒たちは，ウェブ上に想像できないほど豊かな情報を見つけ出すことができるでしょう。同時に，不確かで偏った情報に接するケースも出てきました。

　生徒たちに，効率よく情報を探し出し，その典拠・信頼性を評価できるように教えるのは，教育者そしてライブラリアンとしての私の使命だと考えています。

1　主題別ディレクトリ

　インターネット初心者には，評価済みの情報源を階層立てて整理した主題別ディレクトリから試してみるように薦めています。主題別ディレクトリによっては，サイトの人気をリストに加えるかどうかの基準にしているものもありますが，良いディレクトリは，典拠/信頼性・正確性・客観性について，きちんと評価しています。主題別ディレクトリを利用すると，検索エンジンが拾ってしまう不必要なサイトやあまり役に立たないサイトを検索結果から省く効果があります。ディレクトリ内のサイトは，専門家が評価し，推薦しているので，生徒も教師も，自信をもって使うことができます。

　ライブラリアンは，情報を探し出し，それを目録化する達人です！　カリフォルニアのライブラリアンたちは，インターネットの混沌とした状況を，ライブラリアンのインターネット・インデックス[7]を作成することで，整理しようと試みてきました。いわば，図書館の主題目録を，冊子ではなく，ウェブ・サイトのみを使って，作成した形と考えてください。

　BUBL の Link Catalogue of Internet Resources[8] は，ヨーロッパ中心のもので，一般向けディレクトリの分類とは違い，伝統的な学術的分類がなされています。

---

[7]　Librarians' Index to the Internet ［http://www.lii.org/］
[8]　BUBL Link Catalogue of Internet Resources ［http://bubl.ac.uk/link/］

学校で利用するのに最適な主題目録は，学校向きの内容の情報に焦点を置いたものといえます。「キャシー・シュロックの教育者のためのガイド」[9]は，児童・生徒・教師・管理職・保護者が，カリキュラムに関係のある質の高いウェブ・サイトを探す際に，おおいに役立ちます。主題別に整理されており，歴史・数学といった内容のものから，祝祭日，キッズ用サイト，教育関連資料まで含まれています。

　KidsClick[10]は，主に中学生程度向けにデザインされています。

2　検索エンジン

　私の生徒たちは，検索エンジンを無作為に使う傾向があります。探しているものが，魔法のように，ぱっと画面に現れると思っているようです。異なる検索エンジンで異なる検索結果が得られるということを知らないことがほとんどです。もっと効果的に効率よく検索する方法を学ぶ必要があることに気付いていないようです。

　Ask Jeeves[11]は，幼い児童たちが使うのに向いています。自然言語で検索できるようになっているのです。また，関連するキーワードを提示してくれます。さらに，他の検索エンジンへのリンクも設けてあります。

　Subjex[12]では，利用者が対話形式で，検索質問を絞っていけるようになっています。図書館でレファレンスの際に図書館員と交わすやり取りと似ています。

　Northern Light[13]では，検索に対し，カテゴリ別検索結果フォルダが適宜作成されます。また，各サイトのタイプが表示されます。

---

[9]　Kathy Schrock's Guide for Educators ［http://www.school.discovery.com/schrockguide/］
[10]　KidsClick! ［http://sunsite.berkeley.edu/KidsClick!/］
[11]　Ask Jeeves ［http://www.ask.com/］
[12]　Subjex ［http://www.subjex.com/］
[13]　Northern Light ［http://www.northernlight.com/］

Google[14]は，テキスト・マッチング技術を使い，検索に大事で関連のあるページを探し出します。学者や学生に大変人気があります。高等学校でも役立つでしょう。

3　ウェブ・サイトの評価

電子出版環境では，<u>誰でも</u>ウェブ・サイトを作成することができます。生徒・教師にとって，批判的な目をもって，情報源を検証することが重要になっています。ライブラリアンが従来印刷メディアや視聴覚資料を選ぶ際に適用してきた選定基準は，ウェブ・サイトにも応用可能です。

- **典拠**　生徒は，サイトの典拠・信頼性を検討する必要があります。作者が誰なのか特定し，作者の資格・専門などを検証，サイトのスポンサーとなっている団体・機関もチェックします。
- **正確性**　情報の正確さを他の情報源とつき合わせて確認します。
- **客観性**　情報を事実，見地，意見で区別し，その客観性を検証します。
- **鮮度**　更新日付を確認し，情報の鮮度を見ます。調べているトピックで，情報が新しいかどうかが重要な点となるか，考えてみます。
- **関連性**　情報とトピックの関連性を評価します。大量の情報を目の前にすると，元々のリサーチ対象から逸脱しがちになります。

以上の，Authority（情報の典拠・信頼性），Accuracy（正確性），Objectivity（客観性），Currency（鮮度），Relevance（関連性）は，生徒がリサーチにウェブ・サイトを利用する際に覚えておいて欲しい要素の例です。

アメリカ図書館協会では，リサーチにコンピュータを使えるよう学ぶことの重要性を認め，教育コミュニケーション工学協会と協力して，「児童・生徒のための情報リテラシー基準」[15]を作成しました。国の情報リテラシー基準です。この

---

[14]　Google ［http://directory.google.com/］，日本語版 ［http://directory.google.com/Top/World/Japanese/］
[15]　Information Power : The Nine Information Literacy Standards for Student Learning ［http://www.ala.org/aasl/ip_nine.html］

基準の最初の3項目を見てください。

情報リテラシー：

基準1：情報リテラシーを身につけている児童・生徒は，効率的かつ効果的に情報にアクセスできる

基準2：情報リテラシーを身につけている児童・生徒は，批判的かつ適切に情報を評価することができる

基準3：情報リテラシーを身につけている児童・生徒は，正確かつ創造的に情報を利用することができる

4　ビッグ・シックス・スキルズ・モデル

インターネットを利用することによって，生徒がより優れたリサーチャーになれるもうひとつの方法があります。リサーチを体系だったプロセスとして扱うことです。

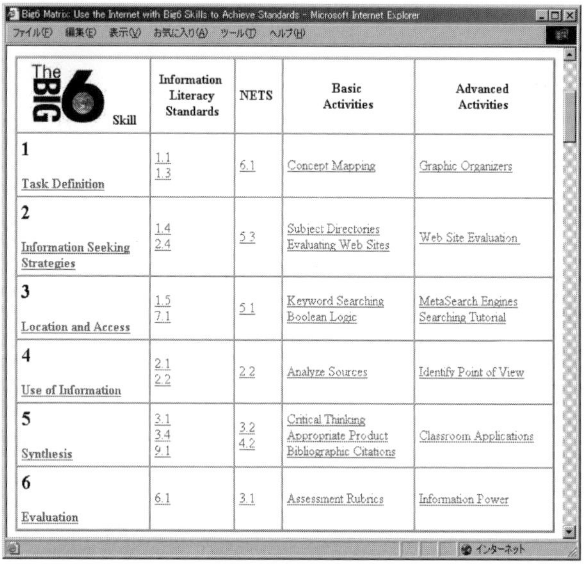

The BIG 6 Skill	Information Literacy Standards	NETS	Basic Activities	Advanced Activities
1 Task Definition	1.1 1.3	6.1	Concept Mapping	Graphic Organizers
2 Information Seeking Strategies	1.4 2.4	5.3	Subject Directories Evaluating Web Sites	Web Site Evaluation
3 Location and Access	1.5 7.1	5.1	Keyword Searching Boolean Logic	MetaSearch Engines Searching Tutorial
4 Use of Information	2.1 2.2	2.2	Analyze Sources	Identify Point of View
5 Synthesis	3.1 3.4 9.1	3.2 4.2	Critical Thinking Appropriate Product Bibliographic Citations	Classroom Applications
6 Evaluation	6.1	3.1	Assessment Rubrics	Information Power

図 A.11　Big6 Skills and Information Literacy Standards
[http://www. surfline.ne.jp/janetm/big6info.htm]

私は，ビック・シックス・スキルズ・モデル（Big 6 Skills Model)[16]を用いて，リサーチのプロセスをもっと扱いやすいように，段階分けしました。生徒たちは，調べもののトピックをより扱いやすい形にし，適切な資料を見つけ出すための手助けを必要としているからです。また，ビック・シックス・スキルズ・モデルでも，情報源を評価することの重要性が強調されています。

　私は，ビッグ・シックス・スキルズ・モデルを情報リテラシー基準と結びつけたウェブ・サイト[17]を作りました。そして，インターネットを用いた学習活動との関連付けを行い，教師がこのプロセスを実際に生徒に教える際に参考にできるようにしています。

　私は，これまで15年以上にわたって，学校図書館が提供するサービスを向上させるために，電子情報源と電子通信技術を利用してきました。印刷メディア資料へのアクセスを容易にし，貸し出し記録を正確に付けられるよう機械化目録から始めました。そして，通信やコミュニケーションへと電子情報利用の場を拡張しました。学校にインターネットが導入されたとき，インターネットを利用したリサーチ・スキルを教えはじめ，「バーチャル・ライブラリー」[18]サイトを作って，インターネット情報源を整理しました。私のスクール・ライブラリアンとしての使命には，教師がテクノロジーを指導の場で活用できるよう手助けをすることも含まれていると信じています。よって，教師のためのクラスも開いてきました。

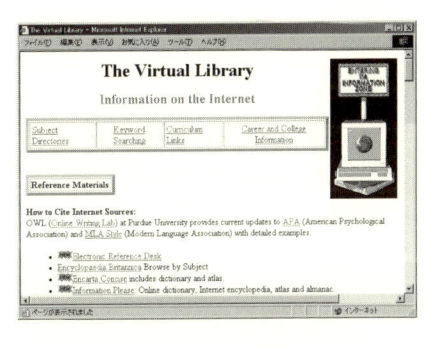

図 A.12　The Virtual Library
[http://www.surfline.ne.jp/janetm/khslib.html]

---

[16]　The Big 6 Skills [http://www.big6.com/]
[17]　Big 6 Matrix [http://www.surfline.ne.jp/janetm/big6info.htm]
[18]　The Virtual Library [http://www.surfline.ne.jp/janetm/khslib.html]

さて，皆さんはこれからご自身の学校の図書館にインターネットを導入する機会を与えられました。私のプレゼンテーションから，インターネットを効果的に使うことで生徒の学習をより豊かなものとするためのアイディアを何か得ていただけたら，嬉しいです。ありがとうございました。

付録B
今後の学習のために
各章の執筆者からお勧めの資料

■第1章
- 『学校図書館』第583号，1999.5（特集 学校図書館の情報化をどうすすめるか）．

    第1回の学校図書館情報化セミナーの内容をまとめたものである．情報教育と学校図書館の関係性といったより大きな問題のほか，コンピュータやインターネットをいかに活用するかといった問題が取り上げられている．学校図書館関係者によってインターネットについて書かれたものはまだ少ない中で，『学校図書館』誌の本特集号は価値があろう．

- 菊沢正裕，山川修，田中武之『情報リテラシー──メディアを手中におさめる基礎能力』森北出版，2001．

    コンピュータを専門としない大学生のための情報教育用テキストである．情報リテラシーを，社会的側面から，また技術的側面からバランスよく論じている．司書教諭がインターネットを導入・活用する際に最低限必要と思われる知識や技術が網羅されている．

- 村井純『インターネットII──次世代への扉』（岩波新書557）岩波書店，1998．

    村井純氏は慶応大学環境情報学部助教授でインターネット研究の第一人者である．同氏の論考や発言はインターネットの未来を的確に予見する重要なものとして，常に注目される．本書は1995年に同じ岩波新書で出された『インターネット』の続編だが，1998年には1995年とは比較にならないほ

ど日本でもインターネットが普及しており，そうした「すべての人」が利用者となったインターネットの社会的な影響力について重要な問題を取り上げて論じている。
- 中村正三郎『インターネットを使いこなそう』(岩波ジュニア新書283) 岩波新書，1997．

    中高生向けに書かれた書だが，非常に理解しやすく，インターネットの入門書として成人にも勧められる。インターネットのあらゆる側面に言及しており，その全体像が見えてくる。発行は1997年だが内容には古さを感じない概説書である。学校図書館のコレクションにも加えたい一冊である。
- 永野和男監修，堀田龍也ほか著『図説 教師と学校のインターネット』オデッセウス，1999-2000 (全4巻).

    全4巻をとおして，教師がいかにインターネットを活用するかについて，広くさまざまなトピックを取り上げて，これまでの学術研究の成果をまとめ，同時に教育実践例を紹介するなど非常に具体的な議論を展開している。総合的な学習の時間と情報教育の実践にあたり，非常に参考になるシリーズであろう。
- 大串夏身編著，井口磯夫ほか著『情報メディアの意義と活用』(学校図書館実践テキストシリーズ1) 樹村房，1999．

    インターネットに焦点をあてているのは第6章だが，本書の通読によりインターネットが重要なメディアであり学校図書館のコレクションに加えられるべきという認識を深められよう。インターネットと学校図書館の関係性を概観するにはもっとも適切な書といえる。
- 坂元章編『インターネットの心理学——教育・臨床・組織における利用のために』学文社，2000．

    インターネットが与える影響は広く，その中には人の心理への影響も含まれる。本書は，教育におけるインターネット利用，臨床におけるインターネット利用，組織におけるインターネット利用，インターネットの影，にまつわるさまざまなトピックを取り上げている。心理学やその近接分野における

インターネットに関する研究や実践の動向が概説されており，現場の司書教諭が実践にむかうにあたっても，本書でひと通りの最新学術研究の成果を学べば心の準備ができよう。
- 三浦逸雄監修，根本彰ほか編『図書館情報学の地平――50のキーワード』日本図書館協会，2005，pp. 88-94．

  図書館情報学，また（学校）図書館の未来を考える上で重要なキーワードが論じられている。本書第4章と関連して「全文検索」など。

■第2章
- アメリカ・スクール・ライブラリアン協会，教育コミュニケーション工学協会共編，同志社大学学校図書館学研究会訳「児童生徒の学習のための情報リテラシー基準」『インフォメーション・パワー――学習のためのパートナーシップの構築』同志社大学（日本図書館協会発売），2002，pp. 11-47．

  9つの情報リテラシー基準について，指標，基準の適用，教科基準の例が挙げられ説明されている。第2章第3節を参照のこと。
- 関口礼子『学校図書館が教育を変える――カナダの実践から学ぶもの』全国学校図書館協議会，1999．

  1980年代に学校図書館改革が始まったカナダの状況が紹介されている。「司書教諭自身も，自分たちの役割について明確な見解を持ってない」状況が，どのような経緯を経て「学校図書館と司書教諭は，自信と権威をもって学校の中心にデンと腰をすえるようになった」（p. 9）かが語られている。
- 斎藤康江『学校IT Success Story――みんなでつくる情報教室』オーム社，2001．

  学校のIT化に関わるすべての人を対象に，全体の見地から総合的に学校のIT利用方法やシステム構築を紹介・説明している。「図書館をどう使う？」という節もある。著者はもともとは高等学校の国語の教諭。
- 石原一彦『考える子どもを育てる情報教育』オデッセウス，2001．

  著者の実践してきた小学校における情報教育の授業について，その指導方法を細かに紹介している。そのほか，情報教育の歴史や情報環境の整備など

についても具体的にわかりやすく説明されている。
- 情報活用能力の育成に利用できるサイトは数多くある。

    例えば，「教育情報ナショナルセンター」[http://www.nicer.go.jp/]（アクセス 2002 年 10 月 1 日）のページには，児童生徒向けの学習リンクや教員向けの教育情報が提供されている。

■第 3 章
- 川﨑貴一『インターネット犯罪』（文芸新書 161）文芸春秋社，2001．

    インターネットにまつわるあらゆるタイプの犯罪を網羅的に論じている。違法情報の提供，ウィルスの頒布，ハッキング行為など，これまでに起きたさまざまな犯罪が取り上げられている。インターネットのもっとも負の側面といえるだろう，インターネットを用いた犯罪について概観するには，適当な一冊である。

- 川崎良孝，高鍬裕樹『図書館・インターネット・知的自由——アメリカ公立図書館の思想と実践』京都大学図書館情報学研究会，2000．

    公立図書館における情報へのアクセス制限について議論した学術書だが，学校図書館も図書館の一館種であり，司書教諭も図書館の専門職であることを考えれば，一読が勧められよう。インターネットへのアクセス制限の思想的な問題点について非常に丁寧に論じており，高く評価されている一冊である。

- ヘンリー・ライヒマン著，川崎良孝訳『学校図書館の検閲と選択』青木書店，1993．

    米国の学校図書館における検閲の問題について論じている。学校図書館におけるインターネットのアクセス制限は，これまでの図書の検閲問題の延長線上にも考えることができる。本書を『図書館・インターネット・知的自由——アメリカ公立図書館の思想と実践』と併読すれば，学校図書館におけるインターネットのアクセス制限の問題点がある程度理解されよう。

- 永野和男監修，堀田龍也ほか著『図説 教師と学校のインターネットⅡ』オデッセウス，1999．

第3部は「子どもに見せたくない情報」についてである。教育現場における有害情報，フィルタリング・ソフト，利用ガイドラインについて，これまでに書かれたものの中でもっともよくまとまって書かれた一冊である。
- 情報教育学研究会情報倫理教育研究グループ編集『インターネットの光と影——被害者・加害者にならないための情報倫理入門』北大路書房，2000．
　　高等学校，高等専門学校，短大，大学の教員らによって書かれた非常にわかりやすい実用書。インターネットの光と影の64にもわたるさまざまなトピックについて，それぞれ見開き2ページまたは4ページで論じている。各トピックについて演習問題もあり，児童・生徒との議論にも使えるだろう。各トピック内で倫理問題への言及はあるものの，必ずしも倫理問題だけを論じた一冊ではなく，広くインターネットにまつわる知識を得ることができるだろう。

■第4章
- 原野守弘『探す力——インターネット検索の新発想』ソフトバンクパブリッシング，2001．
　　今もっともお勧めのインターネット検索法に関する本。インターネット検索術や検索エンジンのしくみに関する最新の情報を得ることができる。また，原野氏のオリジナルであるインターネットの検索に向かうときの考え方が「ケンサクの発想」として簡潔にまとめられており，これは知っておいて損はない。
- 向山洋一監修，デジタル・ミュージアム・ラボ編『先生のためのインターネット検索術』NECメディアプロダクツ，2001．
　　検索法についてオリジナルな提言があるわけではないが，より初心者向けの実践書であり，はじめてインターネットの検索に向かうなら参照するとよい。ブラウザの使い方からはじまって，検索エンジンを使った検索のさまざまな側面について丁寧な記述がなされている。
- 村上晴美「WWW上の知的情報検索——現状の問題点と解決へのアプローチ」，日本図書館情報学会研究委員会『情報検索の理論と実際』（論集・図書館情報

学研究の歩み第 19 集）日外アソシエーツ，1999，pp. 80-106．

　　ウェブの検索に関する概説であるが，当時最新の学術研究の成果も盛り込まれている．検索エンジンの内部構造についても興味深い記述がある．出版以来 3 年が経過しているが，ウェブの検索や検索エンジンの裏側を知る第一歩としていまだ十分に一読に値する．

■第 5 章
- 鈴木尚志『検索エンジン徹底活用法』日本経済新聞社，1998．

　　国内・海外の各種検索エンジンの概要や機能の特徴が簡潔に説明されている．特に「検索エンジンの選択」（pp. 30-34）は参考になる．

- 藤川大祐監修『総合学習のテーマ別ホームページ完全活用ガイド』あかね書房，2002．

　　キーワード検索とカテゴリ検索を含むインターネット検索の基本の説明をした上で，教科別 Yahoo! と Google を使った検索方法と検索結果が写真・説明付きで例示されている．オールカラーで大変わかりやすく，小・中学校での授業計画の参考になる．

■第 6 章
- 有賀妙子・吉田智子『学校で教わっていない人のためのインターネット講座——ネットワークリテラシーを身につける』北大路書房，2000，pp. 72-82．

　　第 4 章「Web ページの批判的閲覧」を中心に，ウェブ・ページの評価について論じている．例として挙げられているチェックリストは，環境や利用者の主観もチェック項目としているので，ワークシートなど他の形にも応用しやすいだろう．また，ウェブ・サイトのサブタイトルや紹介文を考える演習問題および内容把握をみるテスト問題もついている．

■第 7 章
　著作権の入門としては以下のような本があるが，出版後に行われた法改正を反映していない場合があるので，下記のウェブ・サイトなどで最新情報をあわせて参照する必要がある．

- 吉田大輔『改訂 著作権が明解になる 10 章』出版ニュース社，2003．同『明解

になる著作権 201 答』同社，2001．

現行著作権の解説として，法律の知識がない人にもわかりやすく書かれている。

- 森田盛行『学校図書館と著作権 Q&A 改訂版』全国学校図書館協議会，2001．

 コンピュータ，インターネットの利用を含め，学校図書館の利用・運営にあたって著作権がかかわる問題を，簡潔にまとめている。

- 辰巳丈夫『情報化社会と情報倫理』第 2 版，共立出版，2004．

 著作権を含めた情報倫理を児童・生徒に対して効果的に教えるためのヒントを，実例をまじえて説明している。

- 法改正（および法改正への見通し）を含めた著作権をめぐる最新動向については，『コピライト』誌（著作権情報センター，月刊）がカバーしている。
- 文化庁「著作権〜新たな文化のパスワード〜」[http://www.bunka.go.jp/]（アクセス 2002 年 10 月 1 日）．

 国の行政機関の中で著作権を管轄しているのは文化庁である。著作権とは何か，著作権の今後の見通しについてどういう議論が成されているか，を理解するにはここを出発点にするとよいだろう。

- 著作権情報センター [http://www.cric.or.jp/]（アクセス 2002 年 10 月 1 日）．

 著作権の啓蒙を目的としている社団法人。「著作権 Q&A シリーズ」のコーナーで著作権の簡単な解説を行っているほか，「著作権データベース」のコーナーでは著作権に関連した法令や文献の検索ができる。

- メディア教育開発センター「教育著作権情報」[http://deneb.nime.ac.jp/]（アクセス 2005 年 4 月 13 日）．

 教育目的での著作物利用について，さまざまな事例を紹介している。

付録C 学校図書館の電子化に向けて
司書教諭のためのチェック・リスト

　以下のような知識・技術を学び，学校図書館の電子化を進めて，学校図書館を活用した児童・生徒の学びをさらに高めましょう。

学校図書館への PC 導入

- ❏ OPAC の導入（遡及入力→クオリティ・コントロール）に関する知識・技術
- ❏ コレクションの管理と貸出の電子化に関する知識・技術
- ❏ OPAC ほかデータベースの検索に関する知識・技術

学校図書館 LAN や WAN への接続

- ❏ 校内情報システムに関する一般的知識・技術
  - ❏ 校内ナレッジ・マネジメントの核としての学校図書館の模索
- ❏ 地域情報ネットワーク（地域の公共図書館，生涯学習施設などが参加する）への参加と独自の貢献の模索

学校図書館へのインターネット導入

- ❏ インターネットに関する一般的知識
- ❏ ウェブに関する知識・技術
    - ❏ ウェブ情報の検索に関する知識・技術
        - ❏ 検索システム（検索エンジン）の選択に関する知識・技術 ⇨ 第6章
        - ❏ 検索システム（検索エンジン）の利用に関する知識・技術 ⇨ 第4章
    - ❏ ウェブ情報の取り扱いに関する知識・技術
        - ❏ 利用方針の決定と利用ガイドラインの作成に関する知識・技術 ⇨ 第3章
            - ❏ 有害情報対策に関する知識 ⇨ 第3章
        - ❏ ウェブ情報の評価に関する知識・技術 ⇨ 第5章
        - ❏ ウェブ・リンク集作成に関する知識・技術 ⇨ 第5章
    - ❏ ウェブによる情報発信に関する知識・技術
        - ❏ 学校図書館ホームページの作成に関する知識・技術
- ❏ その他のインターネット技術の利用に関する知識・技術
    （例）電子メール，メーリングリスト，ネット・ニュース，掲示板，チャット，ファイル転送
- ❏ インターネットの学習/教授への活用に関する知識・技術
    - ❏ 情報活用能力育成（インターネット上の情報の活用を含む）に関する知識・技術 ⇨ 第2章
- ❏ 著作権に関する知識 ⇨ 第7章

索 引

■欧文
AASL（American association of School Librarians） 11,16
AECT（Association for Educational Communications and Technology） 6,24
ALA（American Library Association） 6,15

■ア行
アメリカ・スクール・ライブラリアン協会（AASL） 11,16
アメリカ図書館協会（ALA） 6,15

違法情報対策 37
インターネット 3
——上の情報の評価 97,101,117,159
——上の情報の評価基準 98,101
——上の情報の評価基準ツール 123
——上の情報の評価指導 120,124
——の導入 3,36
——の特徴 36,99
——へのゲートウェイの提供 97
——利用・提供方針 39
——利用ガイドライン 39,44,98
インフォメーション・スペシャリスト 146
インフォメーション・リテラシー 15
引用 130,137
——の指導 144

ウェブ・リンク集 50,117
——作成の目的 98,117
——の収集方針 118
——のレイアウト 119

■カ行
学習/教授の改革の推進者 6,9
学校図書館 2
　　学習情報センター 2
　　読書センター 2
——の情報化 2
——の責任者 6,10
学校内の情報の専門家 6,7
学校の情報化 2,33

教育コミュニケーション工学協会（AECT） 6,24

ゲートウェイの提供 97
検索エンジン 54-57,72,158
検索語 57,58,67
検索式 60
検索システムの評価 71
——の指導 92
検索戦略 53
検索ツール 51,54
検索目標 53

コレクション形成 97,101

■サ行
索引語（インデックス）　58,59

司書　71,97
司書教諭　i,iii,6
　　インフォメーション・スペシャリスト
　　　146
　　学習/教授の改革の推進者　6,9
　　学校図書館の責任者　6,10
　　学校内の情報の専門家　6,7
――の継続学習　11
――の使命　6
――のリカレント教育プログラム　11,14
情報
――の評価　97,101,117,159
――の評価基準　98,101
――の評価基準ツール　123
――の評価指導　120,124
情報活用能力　5,15,18,21,129
――育成　4,9,15,30,97,128
　　情報活用の実践力　5,18,129
　　情報社会に参画する態度　5,19,50,129
　　情報の科学的な理解　5,18,129
情報化の進展に対応した初等中等教育における
　情報教育の推進等に関する調査研究協力者会
　議　2,18,33,50
――情報化の進展に対応した教育環境の実現に
　向けて　2,33
――体系的な情報教育の実施に向けて　5,9,
　18,50
情報教育　9,30,32
情報検索（インターネット）　51
――技術の指導　62
――結果の評価　61,73
　　検索エンジン　54-57,72,158
　　検索語　57,58,67
　　検索式　60
　　検索システムの評価　71
　　　――の指導　92
　　検索戦略　53
　　検索ツール　51,54

検索目標　53
　　フリーワード検索　58
　　ブーリアン（Boolean）検索　60,68
情報へのアクセス保障　3,15,48
情報リテラシー　15,16,21,24
　　インフォメーション・リテラシー　15
　　メディア・リテラシー　16
――モデル　19

全国学校図書館協議会（全国SLA）　14

■タ行
著作権　128,131

図書館の自由に関する宣言　48

■ハ行
ビッグ・シックス・スキルズ・モデル（Big 6
　Skills Model）　19,160
表現の自由（知る自由）　48

フィルタリング・ソフト　38,45
ブーリアン（Boolean）検索　60,68
フリーワード検索　58

■マ行
問題解決のためのテクノロジー・スキル　24

■ヤ行
有害情報対策　37,98

■ラ行
リカレント教育プログラム　11,14
利用指導　9,23
利用・提供方針　39
利用ガイドライン　39,44,98
臨時教育審議会　5,15
――教育改革に関する第2答申　5,15

■ワ行
ワークシート　65,93,126

索引　173

執筆者紹介（執筆順）

根本　彰（ねもと　あきら）はじめに，監修
　　現　在　　東京大学大学院教育学研究科教授

中村　百合子（なかむら　ゆりこ）第1,3,4章
　　現　在　　同志社大学社会学部教育文化学科専任講師

堀川　照代（ほりかわ　てるよ）第2章
　　現　在　　島根県立島根女子短期大学教授

芳鐘　冬樹（よしかね　ふゆき）第4章
　　現　在　　大学評価・学位授与機構評価研究部助手

北村　由美（きたむら　ゆみ）第4,5章
　　現　在　　京都大学東南アジア研究所助手

坂井　千晶（さかい　ちあき）第6章，付録A（翻訳）
　　現　在　　アイオワ大学図書館日本研究司書

古賀　崇（こが　たかし）第7章
　　現　在　　国立情報学研究所情報学資源センター助手

インターネット時代の学校図書館
司書・司書教諭のための「情報」入門

2003年2月25日　第1版1刷発行	監　修　根本　彰
2005年6月20日　第1版4刷発行	編著者　堀川 照代，中村 百合子
	著　者　芳鐘 冬樹，北村 由美
	坂井 千晶，古賀 崇

学校法人　東京電機大学
発行所　東京電機大学出版局
代表者　加藤康太郎

〒101-8457
東京都千代田区神田錦町2-2
振替口座　00160-5- 71715
電話　(03)5280-3433（営業）
　　　(03)5280-3422（編集）

印刷　三美印刷㈱	© Nemoto Akira, Horikawa Teruyo
製本　渡辺製本㈱	Nakamura Yuriko, Yoshikane Fuyuki
装丁　右澤康之	Kitamura Yumi, Sakai Chiaki
	Koga Takashi　2003
	Printed in Japan

＊無断で転載することを禁じます．
＊落丁・乱丁本はお取替えいたします．

ISBN4-501-61970-8　C3000